突破现实的困境：
趋势、禀赋与企业家的大战略

[澳]克里斯·布拉德利（Chris Bradley）

[德]贺睦廷（Martin Hirt）　　　著

[荷]斯文·斯密特（Sven Smit）

上海交通大学出版社
SHANGHAI JIAO TONG UNIVERSITY PRESS

McKINSEY & COMPANY

内容提要

　　《突破现实的困境：趋势、禀赋与企业家的大战略》讲述了如何采取重大举措提升企业战略的成功概率。本书以几千家企业的"硬数据"为基础，指出哪些因素对企业的超常业绩至关重要，哪些因素则作用平平。在企业战略办公室里，几乎人人都能信心满满地提出某项战略。但却往往因为个人偏见和人际因素，陷入泥沼，难以制定和落实清晰有效的战略。如何打破战略的"曲棍球杆效应"？本书为商业领袖勾画出一条解决战略人性面问题的路径，帮助他们制定卓越远大、更有胆识的成功战略。

图书在版编目(CIP)数据

突破现实的困境：趋势、禀赋与企业家的大战略/(澳)克里斯·布拉德利(Chris Bradley),(德)贺睦廷(Martin Hirt),(荷)斯文·斯密特(Sven Smit)著.—上海：上海交通大学出版社,2018(2024 重印)

ISBN 978-7-313-19794-8

Ⅰ.①突…　Ⅱ.①克…②贺…③斯…　Ⅲ.①企业管理-战略管理
Ⅳ.①F272.1

中国版本图书馆 CIP 数据核字(2018)第 168756 号

突破现实的困境：趋势、禀赋与企业家的大战略

著　　　者：[澳]克里斯·布拉德利(Chris Bradley)
　　　　　　[德]贺睦廷(Martin Hirt)
　　　　　　[荷]斯文·斯密特(Sven Smit)

出版发行：上海交通大学出版社　　　　　地　　　址：上海市番禺路 951 号
邮政编码：200030　　　　　　　　　　　电　　　话：021-64071208
印　　制：上海万卷印刷股份有限公司　　经　　　销：全国新华书店
开　　本：710mm×1000mm　1/16　　　　印　　　张：15.25
字　　数：202 千字
版　　次：2018 年 9 月第 1 版　　　　　印　　　次：2024 年 6 月第 7 次印刷
书　　号：ISBN 978-7-313-19794-8
定　　价：68.00 元

献给

Bini, Walter 和 Hildegund Hirt

Bibi, Jan-Ferdel 和 Ute Smit

Mel, Olivia, Alice 和 Harriet Bradley

献给

麦肯锡公司的合伙人和同事，是你们给予了我们提升成功
概率的机会。

目 录

第6章　不祥征兆已现 / 113

战略
办公室

欢迎来到战略办公室

在战略办公室里，个人偏见和人际因素会成为人们讨论必要的重大举措的绊脚石，想要落实这些举措更是难上加难。在本书中，我们将使用来自数千家公司的"硬数据"来直面战略的人性面。

"**难**道没有其他方法吗？"

我们总能听到这样的话，你肯定也曾自问过同样的问题，可能还不止一次。也许是在经过了马拉松般熬人的战略会议之后——这种会议原本是为了展开讨论，但最终却只是单方面的陈述；也许是在被迫赞成又一个前景并不确定的投资提案后；抑或是在针对如何为增长机会重新分配资源展开了又一次常规讨论，但却无果而终之后。

在与世界各地数以百计最资深的商业领袖长达数十年的合作中，我们得出了一个观点：

"肯定还有其他方法……"

我们的书架上摆满了关于如何改进战略决策流程的书,其中的框架和趣闻轶事都号称破解了成功战略的密码[1]。尽管这些书读来趣味十足,里面列举的案例鼓舞人心,但在实践中,我们似乎仍然难以取得突破性的进展。事实上,尽管已有很多聪明人做出了不懈的努力,但是今天的战略挑战仍然与多年来一直存在的非常相似。

与这类书不同,本书并没有罗列最佳实践和令人鼓舞的趣闻轶事,而是进行了广泛而深入的实证研究。我们识别出少量的绩效杠杆,根据汇总的实例以及在实施过程中积累的经验,这些杠杆可以大幅提升你的成功概率。我们确信还发现了一个常被忽视的因素——正是这一因素给战略办公室里的人们设置了诸多障碍,令一代代的商业领袖深感迷惘,甚至导致很多战略无法按计划落实。我们将其称为"战略的人性面"。

在本书中,我们利用实证分析帮助商业领袖们勾画出一条解决战略人性面问题的路径,在此基础上可以制定更加卓越远大、更有胆识的战略。

还有其他方法!

你并非个例

在共同踏上这段穿越实证经验和战略社会性的旅程之前,我们先来看看战略办公室,了解一下那里发生的一些场景。你可能会觉得这些场景似曾相识,尽管各种各样的书籍和文章都在阐述如何制定更好的战略与决策,以及如何取得更好的商业绩效。令人惊奇的是,这些不同的场景都有着共同的特点。

先来看第一种场景:当战略决策流程开始时,整个团队一致认为,今年应该避免文山会海,不再使用冗长的幻灯片和没完没了的附录。你致力于开展实质性的对话,针对企业的未来前景,以及你不得不做出的艰难抉择进行沟通。然后,就在第一次会议召开前的两天,CEO的收件箱还是照常收到了3份冗长的文件。实质性的对话到此为止。你又开始认真研究这些字斟句酌的演示文稿。但在这一过程中,绝大多数人恐怕还没来得及领会其

中的内容,就已经感到厌倦了。

再来看第二种场景:在取得了一系列平淡无奇的结果之后,你可能认为应该重新对公司战略进行深入思考。最高管理团队同意调整方向,董事会也批准了。之后,CFO接管了这件事,把这一愿景转化为第一年的预算。当那些即将丧失资源的人们开始进行后卫行动,以及其他反对真正变革的声音出现的时候,大家的胆识就悄然消失了。不知为什么,经过这番大胆的重新思考之后,新制定的预算却跟去年的预算非常相似。一切还是回到了老路上。

第三种场景是什么样子?战略获得了一致认可。从字面上看一切都好,而且有很多令人叹服的后备计划。但不知为什么,一旦深入进去,所有人都感觉新的战略不过是一种热望罢了。事实上,它有些过于照顾战略制定者的自我意识了,也不太愿意接受竞争残酷的现实。公司中那些比决策层级别低两三级、负责跟实际客户打交道但往往并未真正参与战略决策流程的人总结道:管理层完全是在闭门造车,自说自话。这一"新"战略到头来只不过是为一些没有经济效益的项目找理由,因为亏钱,这些项目被贴上了"战略"的标签;但所有人都心知肚明,公司不可能因为它们而发生真正的改变。

即使你是CEO,有时候也会有这样的感觉:由个人行为和人际因素引发的惰性不仅很难应对,还会阻碍你为企业做正确的事情。最近,我们一家在澳大利亚的客户公司的CEO反思:"我清楚地意识到,公司应该沿着那个方向加快行动,但我不得不带着团队一起。"

你或许拥有令人艳羡的职位，负责领导一家灵活的创业公司，或者一家规模堪比亚马逊但依然能像成立第一天那样高效运作的机构。倘若如此，祝贺你。你或许会发现本书的一些实证经验很引人入胜，因为它们展示了战略中的哪些东西有用，哪些没用，但你也应该继续致力于你正在做的事情。不过，如果你像我们通常见到的管理者一样，你就可以一眼看出我们正在探讨的症候，并且迫切希望直面战略的人性面问题。即使身处一家像亚马逊那样的公司，或许你也可以借助本书分享的一些观点来看待今后的是非得失。

反派角色就是战略的人性面

众所周知，人们会带着个人或制度上的偏见参与战略决策流程，而战略办公室里的集体因素往往也会让结果产生偏差。但我们对人际因素的思考通常仅止于此。我们每隔多久才会认真思考一下这些因素并采取恰当举措呢？通常情况下难道不是耸一耸肩，然后继续推进手头的方案吗？我们往往假装战略决策流程不过是为了解决一个分析性的问题，内心却深知，分析其实只是很简单的一部分。

通过常规的商业书籍或咨询项目报告获得的框架和工具有助于构建你的思维体系，并帮助你形成一些想法。不幸的是，它们往往无法帮助我们突破真正的障碍，最终制定出优秀的战略。原因很简单：战略的人性面远远压倒了智力层面的因素。

"科林斯，我注意到了，你的内心对制度的偏见与我的观点针锋相对。"

彼得·德鲁克（Peter Drucker）曾有一句名言："文化能把战略当早餐吃。"[2] 这在战略办公室里体现得最为明显。怎么会这样呢？毕竟，负责制定战略的人都很聪明而且经验丰富，很乐于接受智力上的挑战。但在这里，战略并非唯一重要的事情。工作甚至事业，同样也在他们的考虑范围内。如果过度承诺或无法履行自己的绩效目标，你就有可能失去工作或地位。因此，谨慎的管理层和为了保住工作而开展的战略决策流程，自然也就很少能为公司带来最好的结果了。预算流程也会带来干扰。你或许在讨论一个为期 5 年的战略，但大家都知道，真正重要的是第一年的预算。这就难免会涉及其他的"游戏"。例如，多数管理者都会努力为来年确保资源，同时尽可能推迟这些投资回报的考核时限——甚至推迟到让人们忘记最初的承诺，或者他们自己已经调到其他岗位。毕竟，就算最成功的商业领袖也是人。

战略办公室里充满了许多相互冲突的待办事项和社交游戏，以至于你有的时候甚至会好奇，人们一开始为什么会花那么多时间和精力分析问题和准备演讲。

以上所有因素最终会合力作用呈现出曲棍球杆效应，在明年的预算出现再熟悉不过的下降后，信心满满地展示未来的成功。确实，如果要给战略决策流程找一个标志，那肯定非曲棍球杆曲线莫属。只要提到这个词，那些看过我们研究的高管就会面带苦笑地投来会心的一瞥。

我们希望用这本书打破曲棍球杆效应。我们希望解决战略中的人际因素问题，使企业能够真正通过重大举措来提升经济利益和股东价值。

怎样获得外部视角？

我们三人花了五年多时间针对战略决策流程为何如此容易陷入泥沼进行了研究，并对如何应对这些问题形成了新的视角。我们拥有数十年为世界各地的数百家公司提供咨询服务的经验，亲见战略规划无数，在此基础上，以我们的切实观察开启这一旅程。但我们也决定开出自己的"药方"：

尝试放弃常见的趣闻轶事，把实践经验与那些和公司绩效有关的残酷现实并列起来。作为对相关观察的补充，我们对全世界几千家规模最大的公司进行了详细的研究和分析。与仅仅通过采访收集几十个案例的传统模式不同，这些都是大样本的案例研究。

我们发现，多数战略办公室都缺乏足够的数据，且这些数据并非完全正确。这种说法似乎有些奇怪，毕竟我们总在抱怨文山会海、文件冗长的问题。但这些文件的视角往往过于狭隘。它们都采用"内部视角"，即数据来自所在行业的内部，观点则源自所在团队和战略办公室里高管们的自身经验。[3] 如今，战略办公室里的材料虽然提供了细节信息，但却缺乏可供预测的参考数据。有趣的是，你掌握的信息越详细，就越以为自己了解情况；你的信心越强，得出错误结论的风险就越高。[4]

随着变革的到来，当企业需要对战略进行重大调整时，这种内部视角就更成问题。这是在错误的情境中形成的内部视角，你会因此陷入措手不及的境地。

"请他来是为了给我们提供一些基本的外部视角。"

战略所需的不是越来越精确的内部视角，而是一种外部视角。这需要把其他高管及其公司在战略办公室里成千上万次的经验引入你自己的战略办公室，由此来引导讨论方向。当你能够为你的战略获得同样令人信服而且客观的参考点时，又为什么非要以运营 KPI（关键绩效指标）为基准呢？在评价战略的优劣时，为什么不依据一组广泛的对比数据来进行呢？

你或许会说,每一种情况面临的问题各有不同,对吗?"其他公司都没有我们的品牌、我们的资源、我们的竞争对手、我们的客户、我们的挑战以及我们的机会。"更何况,其他企业也不会把自己所有的数据都与外界分享,便于你进行对比。说得没错。正因为如此,迄今为止尚未出现一个关于战略成败的综合数据库。

我们通过公开信息查看了数千家公司的几十个变量,找到了一些易于管理的工具(总共 10 个),可以解释 80% 以上公司绩效的上升或下降。[5]

我们将在本书中分享这些数据,为你提供这种外部视角。我们还将告诉你一种方法,在你离开战略办公室并开始执行自己的战略之前,了解你的战略是如何形成的。如果你认为把握还不够大,可以回过头来重新部署和规划以提升成功率。在你踏上一条代价高昂的道路甚至可能因此走进另一条死胡同之前,就应该采取这些措施。我们会提供一种新的方法帮助你获得自信,制定出能够改变企业发展方向的大胆战略,因为现在你可以了解你的战略获得成功的概率,并可根据一套可以验证的公司绩效标准予以调整。

在体育界,高尔夫球讲解员可以判断一名职业选手在特定距离内进洞的概率,因为所有职业球员的进洞数据都经过汇总。橄榄球数据爱好者也可以根据得分、比赛时间、第一次进攻的数字、四分位球员的名字等信息,告诉你某支球队获胜的概率,因为多年以来联赛中的这些数据都已经汇总起来了。现在,在企业战略方面也有了这一类型的数据。

采取重大举措

要适当超前:数据显示,很多公司都不够大胆——它们的战略并不是为了进行重大改革。最终的结果往往只能实现渐进式的增长,让企业与整个行业保持在同一水准。

相信你已经从自己所在的公司看到了类似的现象:即使出现了重大的

商业机会而且有人提出了突破性的想法,往往也会被大打折扣。这种想法让人感到风险太大,与同行的做法差异太大。有人可能感觉自己被忽视。更稳妥的做法是提出一项跟去年差异不大的计划,向整个企业分配资源,而不是对其中某一个部门的爆发潜力大举下注。

"我过去在做出承诺时总是很保守,以便届时能够超额完成任务。现在我只是躲在桌子底下沉默不语了。"

我们注意到,最近有一位 CEO 要求他的团队制定一些激进的增长计划。提交的计划中有很多令他颇为欣赏,但是由于没有足够的资金支持所有计划,所以必须进行缩减。他不希望因为把过多的资源分配给那些可望取得突破的部门而使团队中的大多数人感到挫败,于是最终选择将一些资源分配给整个企业。当然,结果是没有一项计划获得足够的资金,自然也就无法取得真正的突破。另一位 CEO 向他的团队征集大胆方案,有人建议通过并购在美国推动新的服务业务增长。这个想法通过了严格的尽职调查,但是后来他却临阵退缩了。还有一位 CEO 计划跨越到 5G 移动通信技术,借此在欧洲获得暂时的竞争优势,但是后来他觉得董事会不太可能批准这一大胆的计划,为了保护自己,他对该提案进行了自我审查。他最终确定的计划只不过是以往计划的延伸。

我们的研究表明,要取得比竞争对手更为长足的进步,最重要的是选择正确的市场去参与竞争,并且使用我们发现的至少一部分杠杆努力做出清晰明确的量化标准。好消息是,这些重大举措并不需要承担更高的风险。事实上,我们的数据表明,不去采取任何措施其实风险最大。

这听起来似乎有点虚无缥缈,但在本书中,我们会拿出"硬数据"和事实来支持你的决策。

未来的旅程

我们希望现在就带你开启一场穿越战略办公室的旅程,最终让你对什么是正确的重大举措有更好的了解,同时理解战略的人性面,以便能切实地执行这些举措。我们确信,我们的分析都是前后吻合、环环相扣的。希望你能顺利解决由战略的人性面引发的诸多问题,克服惰性,不要为了寻求安全而满足于小打小闹的计划。在这一过程中,数据(外部视角)起着重要的作用。

从很多方面来看,我们的分析都与行为经济学家的发现类似。这最早可以追溯到 20 世纪 50 年代的赫伯特·西蒙(Herbert Simon),但直到最近 20 年才在丹尼尔·卡内曼(Daniel Kahneman)的努力下发扬光大,最近获得诺贝尔经济学奖的理查德·赛勒(Richard Thaler)也功不可没。传统的经济学家认为,所有人都是理性的,在此基础上形成了很多看上去完美的曲线,这些曲线虽然易于理解,但却很少能在现实世界中预测真实的行为。事实证明,人们不会把自己的生活视为一系列效用曲线。行为经济学家阐述了人们的思考和行为方式。

和他们一样,我们也已经学习过这些纯理性方法,比如下一个 3×3 矩阵、最新的最佳实践案例研究,而这些方法却很少能帮助我们在战略中取得突破。但是通过实地观察战略办公室以及世界各地的企业会议室里的状况,我们希望能够真正获得可以提升战略质量进而提高企业绩效的外部视角。在与世界各地的众多同行和同事进行了一系列激烈讨论之后,我们认为,是时候重新认识战略办公室里的情况了。

根据实地观察和分析,我们将把战略讨论从理论范畴抽离出来,融入实际行为,然后展示相关数据,以便让你能够与团队展开更有成效的全新对话。

战略办公室

"我不太了解战略,但我知道我喜欢什么。"

如果措施得当,你将有机会通过很多方法改善效果,这样你就能:

- 提高战略办公室里讨论的战略提案的质量
- 与团队互动时采用与众不同的、更重视协作且以学习为导向的战略对话方式
- 在战略办公室里体验更为真实严谨、质量更高的挑战
- 制定更好的、更少偏见的战略决策,根据外部视角形成的经验进行调整
- 领导团队时更有勇气部署重大举措、承担适当的风险,并更积极地实施你的战略

为了帮助你应对战略中的社会性,我们首先会探讨它为何如此难以管理。之后会展示一种新的追踪方法,这需要将整个公司方方面面的情况进行对比,而不仅仅是看你之前的绩效或所在行业的水平。为了帮助你判断自己成功的概率,并能及时快马加鞭,我们将深入解析如何思考 10 个关键变量(我们将其统称为你的优势、趋势和举措)。最后,我们会在本书的结尾与你分享一些非常实用的建议——8 项旨在帮助你改变战略办公室动态的转变。例如,我们会解释如何才能把战略决策流程从断断续续的活动变成连续推进的对话;如何避免把资源摊得太薄,并真正将其重新投入到潜力最

大的项目中；如何改变你的工作重心，不再一味设定预算目标，而是努力部署重大举措；如何不再"堆沙袋"；等等。这些转变都将让你的战略决策流程更加有效，我们也希望这一过程更有活力。

你需要做什么？只有两件事：做好准备接受战略的人性面。打开战略办公室的窗户，以便让数据驱动的外部视角参与到讨论中来。

如果已经做好了这些准备，你将会以新的方式感受自己的企业和领导团队；你可以开发更好的战略；也更有机会好好执行这些战略。总之，你将有更大的把握出奇制胜。

"我们只要完全照搬去年的做法，就能超过去年的业绩。"

第 1 章

战略办公室里的游戏
以及人们参与其中的原因

战略不适合由人脑来处理,而应通过玩游戏的方式来完成,尤其是当内部视角泛滥成灾时。

很多公司在规划战略之初,都会向员工发送一封如下页那样的备忘录。你之前可能见过,甚至还亲笔写过这样的备忘录。你和同事通常会因此花几个月的时间开展很多工作,运用复杂的工具,获取大量的信息,使用海量的数据。

这封备忘录本身非常简单:

收件人：领导团队

抄送：公司员工

回复：2018 年战略决策流程

尊敬的领导团队，

我们以 2017 年的出色工作为基础，开启了 2018 年的战略周期。我们将会分三步开展这个流程：

1. 3 月完成市场分析

2. 5 月列出关键问题

3. 6 月制定完整的五年计划

我们将在 8 月与董事会讨论综合计划，届时将会发布 2019 年年度运营计划。

我们已经把模板限制在大约 50 页，希望你们能在每一部分给出一份 10 页的摘要，以便集中精力关注重要议题。

非常期待我们之间的沟通与讨论。

苏珊·米勒（Susan Miller），首席执行官

我们的讨论模板：

【"市场分析"】【"关键问题"】【"完整的五年计划"】

备忘录发出之后，再经过长达数月的工作，你通常会对市场现状有了深刻的理解，并知道选择怎么做来应对此种现状。于是，CEO 牵头开展了一系列讨论，规划出一项战略并得到了董事会的批准。之后，你开始做预算……

但结果却收效甚微。

　　这通常不会引发严重问题。你很少会遇到像柯达(Kodak)、Blockbuster或诺基亚(Nokia)公司那样的生存问题——这些著名案例引起了广泛关注,一定程度上是因为这种情况非常罕见。然而,即使一项战略取得了预期的所谓"成功",其带来的效益往往也不明显。[1] 这种战略很少能推动企业实现向正确方向的大幅改进,至少短期来看是如此。通常的问题并非火箭在半空中脱离轨道,而是没能给登月发射提供充足的燃料。你花了那么多时间和精力,但过去一年究竟取得了多少成绩?

战略的人性面在起作用

　　内部视角形成了一个名副其实的培养皿:一旦发出战略备忘录,各种各样的功能紊乱便会随之而来,于是便有了我们都曾目睹过的这般场景:

　　在进行战略讨论前的那个周六,CEO 收到了一份需要事先阅读的文件,里面是一份 150 页的冗长文档,外加很多附录。哎! 这位 CEO 知道,即将开始的这场讨论没有太多实质性内容。相反,整个过程不过是管理层精心策划的一场表演,目的是为了让自己提出的战略和资源申请获得批准。

　　周一早晨,会议主讲人首先展望市场前景,并介绍当下的竞争格局。有人提出一个跟第 5 页的内容有关的问题(我们认为,主讲人在被打断之前完全有机会讲到第 5 页,这时,围绕战略的人性面展开的严肃游戏便开始了)。

主讲人的答复可能是："我们会在第 42 页谈到这个问题。"——当然,他很清楚,到会议结束时恐怕都讲不到第 42 页(如果真的有第 42 页的话)。他也可能回答:"我们已经考虑过这个问题,有一份全面的附录专门阐述此事。"或者,"问得好! 我们暂时先放一放这个问题。"

我们应该都见过这种社交技巧吧?

通常来说,战略会议的主讲人根本不希望展开对话。相反,他们似乎会尽可能地回避问题,辩称自己正在"努力完成材料"。他们希望尽可能顺利地讲到最后一页,然后为这项计划获得至关重要的认可,让自己提出的资源申请获得批准,甚至为下一次升职做好铺垫。一次成功的会议应该没有多少阻力,而且还要给人营造尽可能多的好感。

如果把战略陈述的过程稍微加快一点,下面就该讨论市场份额的具体表现,或者对优势和劣势进行分析了。这项计划有多大可能会显示其市场份额较低或处于下滑之中呢? SWOT[2] (Strengths, Weaknesses, Opportunities, Threats,态势分析)会花多少篇幅来阐述劣势? 尽管我们知道,并非每一家公司都能获胜,但这些分析看起来似乎都很有道理。如果一家公司夺取份额、获得优势,其他公司必然蒙受损失。主讲人有多大可能得出这样的结论:不值得对他们自己的业务展开进一步投资,公司应该考虑重新将资源投向其他业务,削减规模甚至退出现有业务呢? 在战略陈述中,从来没有发生过此种情况,似乎所有人都是赢家。每次都是如此。

当然,CEO 并非傀儡。他们早就见过这种把戏,很多 CEO 承认,他们自己也曾经玩过这样的把戏,在把自己的计划提交给董事会之前,他们会淡化其中的风险因素。

即使那样,主讲人还是可以通过内部视角操纵数据。举例来说,对其业务部门进行陈述的主讲人比在座的所有人在知识方面都拥有明显的优势。比如,以事后诸葛亮的角度来看待过去的业绩应该非常简单——但实际上却不能这样。所以,在战略办公室里展开对话时,通常都会出现一些歪曲事实的情况,但却微妙得令人难以察觉。在定义市场份额时,主讲人可以故意去掉他所在的业务部门表现疲软的地区或领域,还可以把糟糕的业绩归咎于天气、重组措施、进军新市场或者监管变化等非常规因素。在对市场进行"总结"时,也可能远离所有洞见——结果就是,人们相互讨论的只是整个医院所有病人的平均体温。[3]

可怕的曲棍球杆效应

这些内部游戏很快会把我们带入曲棍球杆效应,也就是图1-1中那个表示战略的人性面的图标。

图1-1 曲棍球杆效应
是不是看起来很熟悉?

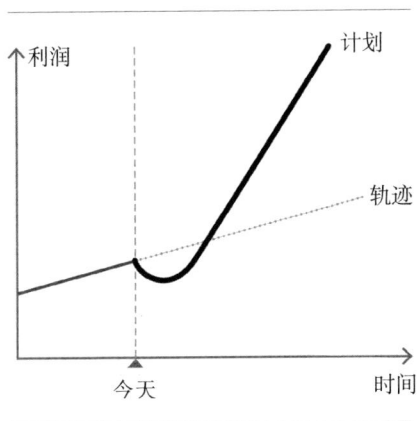

曲棍球杆效应随处可见。你甚至可以说，"商业计划"就是曲棍球杆效应的专业术语。我们都见过这样的图表，里面的营收和利润几年之后直线上升："这都需要最初一两年的投资，还要忍受一些亏损，然后才能开始突飞猛进。这会成为一项了不起的业务。如果我们今天能得到一些额外的资源，如果你能跟我们一起度过几年的艰苦岁月，我们就会制造出一枚突破天际的火箭。"

很多人的亲身经历都表明，这些设想很少能真正实现，但在申请极其重要的首年运营预算时，这的确是个好办法。人们会阐述雄心勃勃的目标，宣称他们需要大量的资源——但内心却很清楚，经过协商之后，他们需要的资源可以减半。正如一位 CEO 对我们所说的那样："在着手真正重要的事情——年度运营计划之前，战略决策流程都是走过场。"

管理者们都知道，事实上，预测曲棍球杆效应往往会带来更严重的后果。这种预测把清算日期向后推迟了。谁知道呢？也许计划能完美实施。也许那位管理者很走运，市场环境又很有利。也可能 CEO 以后会忘记当时的宏伟承诺——或者到时候又换了新的 CEO。当年带来曲棍球杆效应的管理者可能也已经离职。无论如何，曲棍球杆效应都有助于支撑当下的论点，同时也是战略决策流程的关键所在——第一要务就是获得批准。

作为管理者，还有一个原因迫使你不得不利用曲棍球杆效应。其他人都在这么做！尽管知道这种预测"不切实际"，但如果你不这么做，就表明你对自己的业务缺乏信心。展示曲棍球杆效应就像一种仪式，所有人都要参与。

原来如此！

有的高管找到了捅破这些花招的方法。例如，当杰克·韦尔奇(Jack Welch)担任通用电气 CEO 时，他宣布旗下所有业务都必须成为所在市场的第一或第二。但他发现，随着时间的推移，这些业务的负责人会重新定义自

己的市场,通过这种方式来成为市场第一或第二。后来,他要求所有业务的负责人给出一个市场定义,而他们在其中的份额不能超过 10%,通过这种方式,终于在这场分母游戏中实现了新的突破。[4]

　　但在更普遍的情况下,战略的人性面会把战略对话变成某种形式的选美比赛,所有参与者都希望自己看上去很好,而他们呈现的数据也会经过精心筛选,从而给人留下良好的印象。在麦肯锡的一次全球合作伙伴年会演讲中,一位当时在拉斯维加斯某大型赌场运营商担任 CEO 的嘉宾说:"每当我来到我们的赌场见到总经理时,无论真正的业绩如何,他肯定都会告诉我一切顺利。他们总会发表令人印象深刻的演讲,介绍其业务表现有多出色;如果亏损了,则会借机辩称这都是为了实现以后更好的发展——远比现在要好得多。【叹气】我真希望能有人走过来对我说(哪怕只有一次也行):'先生,这里情况不太好,跟你说实话吧,我根本看不到出路在哪里。我真的不知道情况为什么会越来越糟,但我们正在撸起袖子加油干,希望能扭转颓势。'"

我们能否接受真相?

　　人们为什么并不像我们期待的那么坦诚? 他们为什么都在追求政治正

确？还记得电影《窈窕淑男》（*Tootsie*）吗？麦克（达斯汀·霍夫曼饰）和茱莉（杰西卡·兰格饰）在片中有一段经典的互动：麦克爱上了茱莉，但却不知道如何接近她。麦克男扮女装成杜奇，还成了茱莉的闺蜜。茱莉向他抱怨男人总是挑逗她，而她真正喜欢的是诚实的男人。麦克以为自己破解了爱情密码，于是不再男扮女装，而是向茱莉说出了那些她希望从男人嘴里听到的话。结果茱莉狠狠地给了他一巴掌，然后转身离开了。

我们或许以为自己希望了解真相，但说实话，这未必是我们一直想要的。在影片《义海雄风》（*A Few Good Men*）里，杰克·尼科尔森（Jack Nicholson）饰演的杰西普上校曾经说过："你想知道真相？你接受不了真相！"我们都明白，直率蕴含着风险，所以你根本无法想象会有高管对 CEO 表示，他们的业务部门面临麻烦，但却根本不知道原因何在。如果这样做，这位高管要面临的恐怕不是轻微的惩罚那么简单，而是很大的风险。

人们的自尊、职业、奖金、在组织中的地位、为推动业务增长而获得的资源——这一切都在很大程度上取决于他们阐述战略以及对相应业务的预期时所显示的信心。想想看，人们在约会网站上会把自己的资料塑造得多么"成功"——无论照片还是介绍，都与现实差距极大，而这么做的目的无非是获得第一个回复，避免陷入无人理睬的境地。

在企业中，我们也都见识过此类把戏。有的管理者会在谈判桌上大谈愿景和能力，索要更多的额外资源。有的则"堆沙袋"，避开有风险的举措，再三确保他们能够超额完成目标。既然大家都在玩这套把戏，你为什么偏要不合时宜地跳出来戳破这层窗户纸呢？

内部游戏

即使董事会和投资者总在不停地敦促企业进步，并且我们自己肯定也希望能够如此，但很多时候，守住阵地本身就已经算是一项成就了。竞争很残酷。想想看：当你们关起门来召开战略会议的时候，位于城市另一边的竞争对手也在战略办公室里展开同样的讨论。虽然我们似乎都只是关注眼前的问题,但所有人也都在不约而同地加快速度试图领先。

硅谷先驱比尔·乔伊(Bill Joy)说过:"无论你是谁,多数聪明人都在为别人工作。"[5]确实如此,竞争对手总是会不遗余力地阻碍你的战略,或者跟你争夺相同的机会。

但如果你与世界各地战略办公室里的绝大多数人一样,那么你就不太会关注其他战略办公室里的情况,以及竞争对手的好创意。你只会透过内部视角看待问题,并且更深地陷入内部游戏难以自拔。战略办公室非常封闭,于是内部视角得以盛行。办公室里的东西基本上都是与会者带来的。通常包含了大量的相关经验,这都存在于一些高管的大脑和记忆中。也有很多数据和信息,但通常都着眼于自己所在的公司、少数竞争对手以及所在的行业。很多信息都被隔离在战略办公室之外。里面的氛围很封闭,根本不与外界交流,人们完全是在闭门造车,自说自话。

战略也会受到约束,因为它们都是"自下而上"制定的,每个业务部门都会预测自己在未来几年的表现。这些计划都会融入公司的整体战略,很少会根据外部数据进行调整,从而了解类似增长计划在类似情况下、类似业务中的历史表现。

诺贝尔奖得主丹尼尔·卡内曼在他的经典著作《思考,快与慢》(*Thinking, Fast and Slow*)中解释了外部世界的现实是如何消失并被内部视角取代的。内部视角引导人们以自身的经验和数据推导各种事情,即便他们目前正在尝试以往从未做过的事情。卡内曼表示,就连他自己,在为以色列教育部设计新的教学大纲和教材时,也不由地陷入了这种偏见。[6]基于在其他领域的经验,团队最初预计可以在一年半到两年半的时间内完成这一项目。但是当卡内曼了解到类似团队在同类项目上的表现时,他发现,有40%的团队根本没有完成任务,就算是完成任务的团队,最终也花费了7~10年时间。好在他的团队最终完成了任务,但却花了8年时间,是最初预计时间的3倍还要多。

冗长的战略决策流程也会滋生内部视角。有关认知偏见的研究表明，只要能收集更多的数据，专家的信心就会增强——尽管数据的增多或许并不会提升他们预测的精确度。[7]

过分自信也是一种自我强化。这会导致人们忽略相互矛盾的信息，从而变得更加自信，以致更有可能忽略相互矛盾的信息……随着时间的推移，电子表格的内容越来越多，也越来越详细，毫无根据的自信便随之逐渐生根发芽。结果就是：我们知道得越多，处境就越危险。内部视角总是占据主导地位。我们说服自己相信今年制定了一项必胜的计划，但实际上，我们所做的事情可能与以往并没有多大差异。

看看经济预测多么精确——又有多大错误。美国政府每年发布 4.5 万条经济信息，私营企业则发布 400 万条信息，而预测数据可能精确到小数点后的好几位。这些预测都很可靠。做预测的人都很聪明。然而，多数经济学家都没有预测到美国最近的 3 次经济衰退（分别发生在 1990 年、2001 年和 2007 年），甚至在衰退已经开始之后都没有发现。美国 2008 年第四季度最初预测的经济增长率为 -3.8%。但实际上却是 -9%。"没有人发现蛛丝马迹。预测商业周期是极其困难的事情。"高盛首席经济学家简·哈祖斯（Jan Hatzius）说。[8] 但我们仍然乐此不疲，好像真的能预测到小数点后的一两位一样。

引进专家

没错，高管团队有时候会通过探索外部世界来补充自己的内部视角。他们比较喜欢的一种方式是引进专家。有外部专家参与的讨论通常会激发有趣且具有煽动性的对话。对我们自己的全球战略会议进行的调查显示，人们都很喜欢专家。我们邀请他们，以此吸引人们前来参加会议——但这样的演讲有多少能够真正影响战略？你或许可以洞悉某些相关的趋势，但具体应该如何应对？察觉不利趋势显然比应对不利趋势更加容易！

客户经常会要求我们提供各种信息,以了解曾经面临同样挑战的其他行业。但相关讨论最终多半只会得出一些自我安慰的结论,如"我们的行业不一样"。或者"我们在这个行业干了 100 年了;这个家伙现在竟然想来告诉我们该干什么"。我们经常听到这样的评论——尤其在我们还满头乌发、意气风发之时。[9] 为什么会这样? 人们往往担心类比或基准可能表明自己可以取得更好的业绩。这意味着目标要定得更高,但这可能导致奖金减少。并非人们不想向其学习。他们通常乐意在私下会面时看到对类比和业绩潜力的解读,只是不希望在更大规模的会议上进行讨论,比如战略办公室或者董事会。

目前的战略决策流程面临的各种困难对你来说算不上什么新鲜事? 欢迎加入进来! 在接受我们调查的高管中,超过 70％的人表示,他们不喜欢战略决策流程,还有 70％的董事会成员不相信由此产生的结果。[10]

不适合人脑解决的问题

我们通常认为,如果能明确问题所在,就能克服问题。我们都是聪明人,我们的头脑和决心都是强大的工具。但仅仅了解各种社会问题是远远不够的,原因有二:首先,战略是由人来制定的。其次,战略是由人们合作执行的。

先来看"由人制定"这个问题。

虽然从表面上看战略应该是一个纯粹的智力问题,就像是企业在下象棋,甚至可能是最优秀的从业者在三维空间展开角逐。但实际上,战略问题出现的频率很低,而且具有很高的不确定性,是最不适合由人脑来处理的问题。

人们很容易形成许多显而易见的、无意识的认知偏见——过分自信、锚定、损失厌恶、确认偏误、归因错误等。[11] 在制定决策时,这些偏见会促使我们过滤掉很多信息。

想象一下这样的场景。我们祖先中的一员正在非洲草原上漫步。突然他遇到了一头狮子，如果当时他开始考虑云朵、美景或者能否找到当天的食物，那么，他进入今天的人类基因库的概率就会比较低。他考虑的这些事物都很有趣，甚至也很重要，但在面对一头狮子的时候，却根本无益于保护自己。由于恐惧带来的短视，我们的祖先每次只会关注一件事情。当遇到狮子时，这件事情就是逃跑。

所以，我们的大脑中有很多潜伏在深层潜意识里的捷径（专业术语称之为"启发法"）。在现代生活的日常决策上，这种思维方式同样在起作用。我们都很擅长此事，甚至可以说极其擅长。想想看我们有多么擅长开车就知道了；就连最迟钝的人上路后也表现不错。不，问题不在于日常决策。在日常决策中，我们有无数的练习机会，一旦犯错也可以立刻获得反馈，有的反馈可能令人痛苦。在这种情况下，我们的大脑已经进化到接近于运行某种自动驾驶系统，就像我们的祖先躲避狮子时那样。

但是，当我们偶尔在高度不确定的环境中被迫制定重大决策时，这些无意识的心理捷径就会让结果变得不如人意了。这正是我们在战略办公室里遇到的问题。

在这种情况下，即便经验最丰富的高管也只具备有限的经验和模式识别能力。决策是在不确定的情况下制定的，而结果则有可能等到几年之后才能显现出来。与此同时，人为因素、市场因素、滞后因素和"噪音"等都会扰乱战略制定者预测结果的能力。实际发生的结果或许与战略本身的质量没多大关系了。

想要改进战略决策，就好比通过盲打来提高高尔夫技术，而且在3年内也无法知道球究竟有没有进洞。

偏见思维

试想一下：当你考虑是否要在死后捐献器官时——这似乎是个极其重

要的决定,通常需要经过深思熟虑。但事实表明,像申请表设计(选择性加入或选择性退出)这类看似微不足道的事情都会造成天壤之别的结果。在丹麦,该计划采用选择性加入模式,只有4%的人选择捐献器官;而在采用选择性退出模式的邻国瑞典,却有多达86%的人选择死后捐献器官。在采用选择性加入模式的荷兰,尽管宣传营销上花费了大量资金,但只有28%的人同意捐献;而采用选择性退出模式的邻国比利时,同意捐献者却多达98%。在采用选择性加入模式的德国,这一比例为12%;而采用选择性退出模式的邻国法国、奥地利、匈牙利和波兰,同意捐献者都超过了99%。[12]对于这一现象有一个简单的解释:在面对是否加入器官捐献计划这类复杂决策时,我们的思维往往会陷入停滞,无法做出决定。无论表格采用选择性加入还是选择性退出模式,我们往往都会不做勾选。大脑的潜意识比我们想象得更加强大。

"他遭到了枪击,但幸运的是,子弹击中了他的器官捐献卡。"

以下是战略办公室里常见的一些偏见:

- **光环效应。** "去年6%的利润增长证明了我们持续投资数字业务的正确决策,而且,面对恶劣的贸易环境,我们仍在果断压缩开支。"——即便整个市场的利润也实现了6%的增长,但团队还是会这样给自己打气。[13]

- **锚定。**"我们预计明年将实现 8% 的增长。根据需求环境的不同，增减区间为一个百分点。我们会通过进一步加强目前的项目来实现这一目标。"——这样一来，8% 就成了谈判的起点，无论是否应该这样。

- **确认偏差。**"我们做了很多工作来分析这个项目将会成功的原因。"（但却没有分析它可能无法成功的原因。）"听说我们的头号竞争对手也在探索这个机会。"（所以这肯定是个好想法。）祝你好运，但愿你能及时终止那个项目。

- **冠军心态。**"我们背后拥有强大的团队；我们之前也在类似的项目上成功过。你应该对我们再次取得成功有信心。"——转移视线，让人们不再聚焦项目本身的价值。[14]

- **损失厌恶。**"我们不想因为追求突破天际的想法导致自己的底线面临风险。很感谢大家为替代战略和新的业务线付出了这么多努力，但我们还是认为，风险超过了收益。"——即便现有的底线可能受到威胁。

"如果你告诉我们你是谁，你的预算目标会更有分量。"

把一群拥有共同经历和目标的人聚在一起，他们通常会自说自话，谈论的内容往往都是自己喜欢的——我们处在滋生这些偏见的温床之中。例如，有研究发现，80% 的高管相信自己的产品在竞争中脱颖而出——但只有8% 的客户认同这一点。[15]人们之所以会阅读与自己拥有相同政治倾向的出版物,同样是由于这种确认偏差。人们可能会尝试挑战自我,但其实只有在自己的信念得到确认时才会真正点头。[16]

看法同样可以比现实发挥更重要的作用。例如,对过去成就的尊重可以在很大程度上影响判断。一位具有传奇色彩的工程师获得提拔,负责领导一家欧洲电信设备制造商的交换机业务,他为这项传统核心业务提交的资源申请都如愿获得了批准,结果导致该公司完全错过了向基于路由器的网络转型的机会,并成为收购目标。

战略决策流程往往还会存在幸存者偏差。[17]我们听不到来自"失败者的沉默墓地"的声音,因为我们只看到了发生的事情,看不到没有发生的事情。[18]我们阅读的所有伟大企业的成功案例,都对成功原因给出了合理的事后解释。人们大肆谈论沃伦·巴菲特(Waren Buffett),但事实上,在巴菲特开始买进的同一年,与他做出相同决定但却失败了的投资者有成千上万,只是我们没有听说而已。我们可以精确衡量现有客户的行为,但对于那些尚未争取到的客户,他们的沉默心声又是怎样的呢?我们的经验主要是通过学习幸存者获得的,从某种程度上讲,我们都是"幸存者"——我们的战略办公室里充满了偏见,它们都与尚未经历重大失败有关。

战略决策的整个流程真的很像在全世界最大的充满嬉戏、偏见和曲解的动物园里奔跑一样。

现在……该考虑人际因素问题了

克服这些个人偏见已经非常困难了,但这还只是理解和解决战略人性面问题的一小步。没错,只要由人来制定战略,就难免存在偏见。随后,当其他人参与进来的时候(审批者和执行者是两批不同的人),就会出现代理人问题。[19]

不要误解我们。我们很尊重这些参与战略决策流程的人士。他们通常都是企业里最聪明、经验最丰富的领导者。他们绝非动机不良、能力不足或两者兼而有之——事实恰恰相反。他们为了制定战略贡献了很多经验、想法和精力。但与此同时也带来了偏见。

代理人问题是由管理层和其他利益相关方的不协调导致的。管理者可能会谋求自己的利益，而不仅仅是考虑企业及其利益相关方的利益。这里列举几种比较突出的表现：

- **"堆沙袋（Sandbagging 指畏首畏尾，有所保留，不愿承受风险）。"** "我不会冒险行事。我只会同意一个确信能够完成的计划。我的声誉正面临风险，我不能冒险充当那个预算有误的部门。"事实上，个人对待风险时的态度与整个企业往往非常不同。

- **"目光短浅。"** "不管怎样，3 年内就会有其他人来负责这个部门。我只需要在接下来的两年尽一切可能争取业绩，拿到不错的奖金，获得下一次晋升机会，也没准会被竞争对手挖走。"这位高管的动机显然与企业所有者并不一致。

- **"我的方式或你的问题。"** "我比 CEO 和董事会更了解这家公司和这个行业。他们必须相信我的话。如果我说很困难，那就是很困难。如果我申请的资源没有获批，那我就有完不成计划的借口了。"由于负责执行的管理者了解内情，CEO 和董事会通常别无选择，只能接受他们阐述的事实。

- **"我的数字代表我。"** "别人评价我的时候只看我的数字，而不会看我是如何行事的。我只要达到目标就够了，不会在此基础上额外付出太多。"上司无法直接观察下属努力的质量，其结果也会令人迷惑不解——这些糟糕的结果是虽败犹荣吗？那些出色的业绩是来自偶然的运气吗？

你希望手下的人都能齐心协力，但事实上，他们的动机各有不同，掌握的信息显然也不对称。虽然 CEO 会为了企业的整体成功进行优化，但手下的人显然更关心自己的业务部门，以及他们自己的下属。他们如何能够不

"我不会费心费力地避开数据，也不会屈服于偏见和代理人问题。有人替我这么做。"

这么做呢？我们都知道，如果你的业务蒸蒸日上，你就会获得奖励。多数人都不坏；他们只是逐步学会了完美参与这场游戏。事实上，一个商业领袖的声望很大程度上或许只是反映了他对此种游戏的精通程度。根据归因偏差，你的数字代表你，所以无论采取什么方法，数字最好还是靓丽一些。

也别忘了激励措施。激励措施不胜枚举，而且远远不止财务手段那么简单。在主管或同事面前的展示可以获得自豪感。你的业绩记录可以增强自信心。你的团队希望获得庇护。查理·芒格（Charles Munger）和沃伦·巴菲特曾经说："95％的行为都是由个人或集体激励促成的。"但后来他们又自我纠正道："95％的比例不对；可能99％都是这样。"[20]

战略关系到一个复杂游戏中的一系列复杂的动机。绝不仅仅是设定一个让大家集中精力去完成的目标那么简单，在这个过程中，高管们会就明年的预算进行谈判，还会相互争夺资源，授权给别人，维系和强化之前的承诺，打动董事会，激发更多利益相关方的信心——这一切都要同时完成。他们知道，如果想要实现10％的增长，规划战略时就要宣称将达到15％。并且，预算才是重头戏。战略讨论只是开场白。

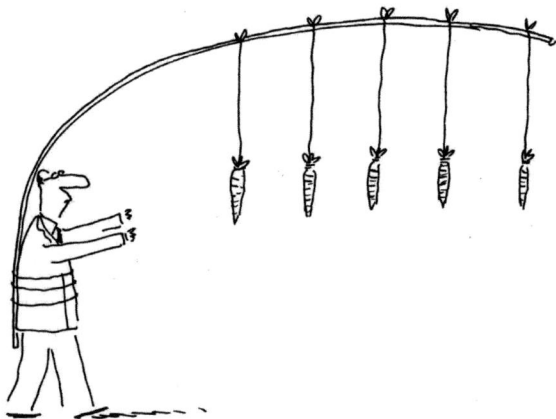

在麦肯锡过去10年发布的报告中，有一份可能是最广为传阅的，其中的内容表明，那些快速向新的成长型业务重新分配资本的公司，比采用稳定模式的企业表现更好。[21]然而，战略的人性面导致企业通常仍然会采用所谓的"抹花生酱"方法——即使某些领域的机会显著高于其他领域，但资源仍然会平摊到整个公司。

由于所有人都在激烈地争夺资源，很难决定谁赢谁输。选出赢家有时候比较容易，但对一项潜力较小的业务不管不顾显然也很难做到，尤其是在业务负责人为公司效力了很长时间，或者该业务曾经辉煌的时候。

无论具体的动机是什么，管理者都会发挥自己的所有影响力来提升其业务的成功概率。我们见过各种各样的做法。在一家全球顶尖的消费电子公司，曾经有总裁申请资源时被拒，于是联合忠诚的董事会成员罢免了CEO。顺便说一句，那个叛乱者的结局并不好，他很快也被扫地出门了。那家公司后来也命运不济。不过问题是：即使不愿承认，但我们都是社会性动物，都会觊觎自己所在群体中的地位。从进化的角度来讲，这是一个优秀品质，对于确定谁是丛林中体型最大的大猩猩（组织中出类拔萃的人）至关重要，但对制定优秀的战略而言，这却是一大障碍。

当内部视角仍然泛滥成灾时

如果内部视角仍然没有受到挑战,导致人们对究竟会发生什么形成错误的认识,那么就最容易产生有缺陷的战略。相当多的人在制定战略时,就好像这是他们单个人的比赛一样,几乎完全忽视了竞争对手也在制定战略这个事实。人们会用后续资金弥补前期的损失,这样一来,别人就不会发现之前的决策错误。战略办公室里的人都很自信,因为他们把所能见到的所有风险都考虑在内了,但却没有意识到,危险隐藏在那些他们没有看到的地方。所以,出色的业绩往往归功于管理者,而糟糕的业绩则被归咎于市场环境。

柯达公司未能适应数字影像趋势,是战略失败的一个经典案例。这个故事已经广为人知,所以我们不准备从头到尾再讲一遍,但还是要重点审视一下内部观点在这其中发挥的作用。

我们曾经目睹了柯达在数字影像业的早期优势,他们的一位研究员在20世纪70年代中期发明了数码相机中使用的传感器,公司早在20世纪90年代末就将一款消费型相机推向市场。是的,那款相机像砖头一样笨重,按照今天的标准来看画质也有些粗糙。但在当时这已经足够拉风了。它是本书一位作者在前往澳大利亚的蜜月旅行中所携带的唯一相机——请看下面这张拍摄于1997年的原片(效果还不错吧)。

柯达显然抢占了先机。[22]但当时参与柯达战略决策流程的人士事后表示，真正的问题在于，管理层从来都没有突破内部视角的局限。胶卷、显影剂和相纸已经存在了很长时间，管理层根本无法想象人们有朝一日将不再满怀期待地收集纸质照片。更令人气馁的是，传统胶卷企业很长时间以来一直保持着超过60％的毛利率。很难对这样一项保持了几十年优异业绩的业务主动开刀——尤其是在任何一家消费电子企业的利润率都远低于此的情况下。

很多人认为，传统胶卷企业会永远存在下去，而这种观念也从未在战略办公室里受到足够的挑战，即使当时已经出现了相当多的反面证据——甚至包括柯达内部，在20世纪80年代初，该公司曾经进行过一项主要研究。柯达管理层从来没有对数码相机是否会成为一项卓越的技术展开严肃的讨论。他们花了5亿美元开发了一款名为Advantix的相机，它虽然采用全数字技术，但却仍然使用胶卷，而且能冲印相片——相机的数字功能只是方便你浏览照片，决定想要冲印哪几张。那款相机在市场上遭遇惨败。用户并不像柯达的战略制定者想象得那么热爱相片。

如今，商业杂志和文献已经汇总了一大批类似的案例：它们都曾经是各自领域不可一世的霸主，但因为行业趋势改变了游戏或者商业模式而纷纷遭遇困境。比如Circuit City、Sears、Grundig和Wang，类似的例子不胜枚举。因此,当下的战略制定者们更有可能去努力寻找外部视角并将其引入战略办公室,然而,内部游戏却导致此种做法难以落实。对多数企业来说,在预测明年的预算时,最好的参照肯定是今年的预算,只要在此基础上增加或减少一定的百分比即可。

战略决策流程往往促使高层承诺做出改变,但通常情况下,就像失败的节食者或戒烟者一样,这些流程并不会浮出水面,也不会追究之前拒绝变革时许下的其他承诺。一位 CEO 曾经对我们说:"如果你想落实重要想法,就必须事无巨细。因为组织表示同意并不意味着你的想法真的就能实现。"现在,为企业带来变革就像要移动一条章鱼,章鱼的一根触手下定决心抓住下一块石头,可是它的另外七根触手却仍然抓住原来的石头不放。

可是,单纯改变思维方式远远不够。战略的人性面不会这么容易束手就擒。一个高尔夫教练光是嘴上告诉你"别打右曲球"基本没什么用。他还必须提供一些让你能够真正解决问题的干货才行。因此,我们现在要展示那些可以为你提供外部视角的实证研究。

我们首先会为你提供一种规划竞争格局的新方法,然后再指出方向。一段特别的旅程即将开启,请紧跟我们的步伐。

第 2 章

打开战略办公室的窗户

根据几千家公司的经济利润绘制的经济利润曲线给我们提供了新鲜的外部视角,让我们得以真正了解战略的全景究竟是什么样子。

在克里斯托弗·哥伦布(Christopher Columbus)1492 年发现新大陆之前,世界地图绘制得非常详细,但也存在很多错误。下一页的"弗拉·毛罗地图"(Fra Mauro map)就是一个典型的例子。[1]

绘图员们都很熟悉欧洲,所以绘制的欧洲大陆都很准确——位于中间偏右的位置(你得把地图倒过来看,因为那时的地图是"上南下北")。右边中间位置的黑点里面有一小块是西班牙,目光再往左移,穿过地中海,就会看到意大利南端,然后是希腊。

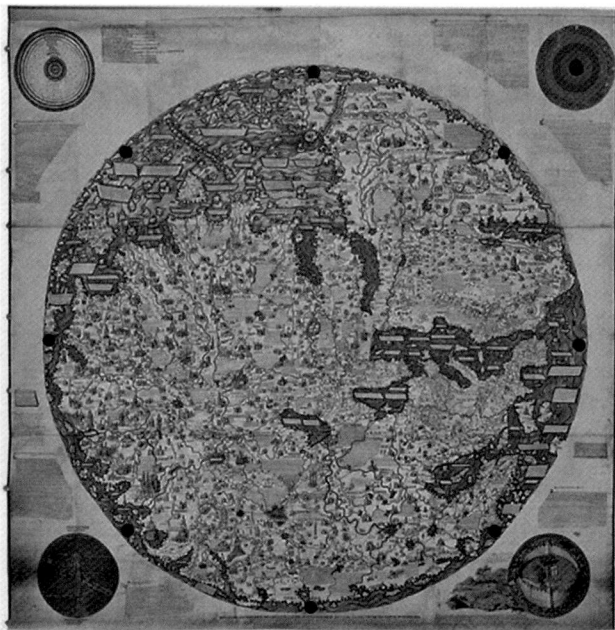

但当时的绘图员还自信地画上了非洲和亚洲，尽管他们对那些未经勘察的海岸线知之甚少。意料之中的是，他们完全漏掉了西半球。这张地图完全没有对附近他们所熟悉的地中海地区和挤在地图边缘的那些传说中的地方加以区分。结果导致整个地图都被占满，完全没有给人们的好奇心留下空间。因此，当哥伦布从西班牙向西航行时，他原以为日本就在 4 000 英里之外，但实际的距离却是 1.25 万英里——两地之间还隔着一片未知的大陆。

当哥伦布踏上那片如今被称作西印度群岛的新大陆时，绘图员们才意识到自己有多么无知，于是开始缩小绘制范围。他们只绘制自己知道的地方，把空白区域留给探险家来填充。地图开始变成下面的样子——这是1529 年的"迪奥哥·里贝罗地图"（Diogo Ribeiro map）。[2] 这张地图在中间画出了新大陆东海岸的轮廓，但其余地方都留待日后填充。此外，这张地图还从"上南下北"变成了"上北下南"。短短一代人的时间，世界地图就发生了不可逆转的改变，实现了真正的范式转换。

当然,这些大陆并没有被命名为北哥伦布洲和南哥伦布洲。而是被称作北美洲和南美洲,命名来自意大利人亚美利哥·韦斯普奇(Amerigo Vespucci),他在早期的航海探险中只是一个微不足道的小角色。他之所以获此殊荣,是因为哥伦布和其他很多人都坚持认为老地图准确无误,而韦斯普奇却在两段文字中推测,哥伦布发现的群岛实际上属于一个新大陆。一位绘图员在 1507 年接受了这种观念,误以为是韦斯普奇发现了新大陆,所以将其命名为"亚美利加"(America),也就是我们常说的"美洲"。当那张地图普及之后,其他人也沿用了这个名字,于是就此流传下来。这一切都是因为韦斯普奇愿意挑战既有观念。

尤瓦尔·诺亚·赫拉利(Yuval Noah Harari)在《人类简史》中指出,新地图上的空白区域不仅为大航海时代提供了正确的模板,还开启了科学革命。[3] 他认为,这些"现代"地图中体现出的疑惑引导所有科学家留下空白,让后来者可以随着众多科学领域知识的发展不断进行补充。先要承认自己的无知,然后才能获得知识。

经过一番思考,我们认为当前战略的状态有时候会让人联想起这些早期的地图:通过近距离观察获得了不错的见解,佐以令人信服的详细叙述,还附有很多分析。你或许会觉得战略办公室里充斥着过多通过内部视角获得的幻灯片和案例,以至于没有多少人会对外部视角产生好奇和怀疑。这里根本没有给疑惑和探索留下足够的空间。我们无意标榜自己发现了新大陆,但是如果我们现在开始承认,我们还未完全理解引导企业实现一流绩效的地图,那么我们或许能制定出更好的战略。于是,我们着手向地图中增加了一些信息,引入了外部视角,帮助你为所在企业绘制一条实现更高绩效的新路径。

现在,我们要踏上这一发现之旅了。

正确的标准

制作一张新地图时,首先要为优秀的战略确定一个明确的标准,就像通过合适的指南针来指引道路一样。[4] 有的人可能会关注股价上涨,但这会导致我们易变,过于依赖衡量的起止日期,甚至过于受管理层无法掌控的因素的影响。有的人会关注营收增长,还有的人看重盈利或现金流。那么,有没有一个指标能够成为衡量企业绩效的标准呢?也许没有,但我们认为,经济利润很接近这一标准。

企业战略的核心是战胜市场,换句话说,就是要对抗"完美"市场将经济剩余归零的力量。经济利润(扣除资本成本后的总利润)衡量的就是这种对抗的成效,它显示的是发挥竞争力量之后留下的东西。[5] 当然,企业还会追求其他目标,比如发明新产品新技术、保障就业或做出社会贡献、建设社区等。但是如果优秀的战略能成功地驯服市场力量,剩余的经济利润就会增长,从而降低实现其他目标的难度。

奇怪的是,很多经过审计的财报中都找不到经济利润这个指标,而我们的调查也发现,人们很少在战略中使用它。有的高管甚至问:"我们是不是把经济增加值(EVA)丢掉了?"现在,我们希望把经济利润重新带回人们的视野。[6] 这是一个很好的指标,因为它可以同时显示一家企业击败市场的程度,以及这种成功的规模。经济利润不仅衡量利润率和规模,还融入了利润率发展、销售增长和现金流等因素。

如果必须选择一个变量来衡量一家企业，或者至少衡量它纯粹的经济贡献，那么非经济利润莫属。

我们就此做过很多演讲，经常会碰到这样的问题："为什么不选股东回报或者净现值（NPV）？"经济利润的增长会提升股东回报，但它包含的干扰因素少得多，也更容易被管理层控制。我们发现，在 10 年时间内，经济利润增长排名前五分之一的公司股东回报的总体表现也最强（每年增长 17％），而排名后五分之一的公司表现最弱（每年仅增长 7％）。经济利润抓住了我们所知道的推动股价长期上涨的两大参数：资本回报率（ROIC）和增长率。[7]此外，还有很多商业企业并未上市，所以经济利润是一个适用面很广的指标。

下面我们来进一步了解这个标准（见图 2-1）。2010 年—2014 年，我们的数据库里全球规模最大的公司平均年度营业利润为 9.21 亿美元。他们为此投入了大约 93 亿美元的资本，包括在以往的收购中投入的商誉。[8]将这两个数字相除，可以算出其资本回报率为 9.9％。但这家"平均数公司"的

图 2-1　你不能忽略的战略标尺

我们使用经济利润来衡量价值创造

年度平均，2010 年—2014 年，总数 = 2 393

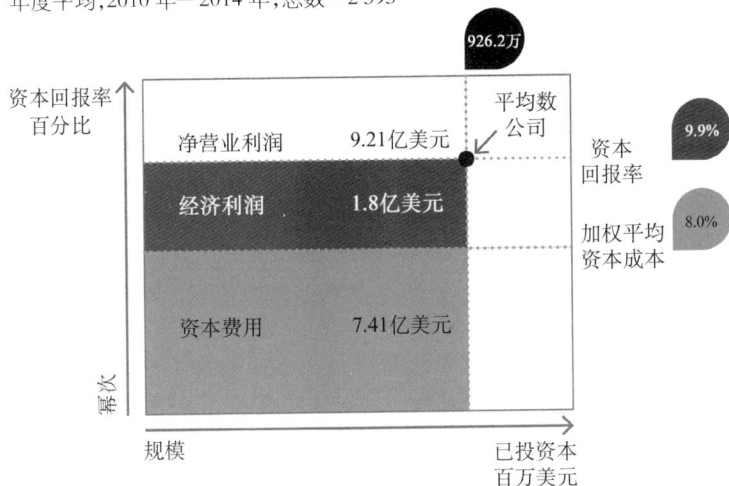

资料来源：McKinsey Corporate Performance Analytics™

投资者和债权人需要 8.0％的回报来抵消他们的资金占用（用 WACC 测算），所以最先获得的 7.41 亿美元的利润都要扣除。用这家"平均数公司"的资本成本乘以其业务规模，剩余的 1.8 亿美元就是经济利润。

企业在经济利润曲线上的状态

一旦你把所有的经济利润按照顺序连成线，就会发现它符合幂次定律——曲线的尾巴以指数级速度上升（和下降），中间还有一个长长的平台。[9] 于是就有了图 2-2 里的经济利润曲线。

图 2-2 经济利润曲线

经济利润在全球的分布极不平均

平均每家公司每年的经济利润 2010 年—2014 年
百万美元，总数 = 2 393[1]

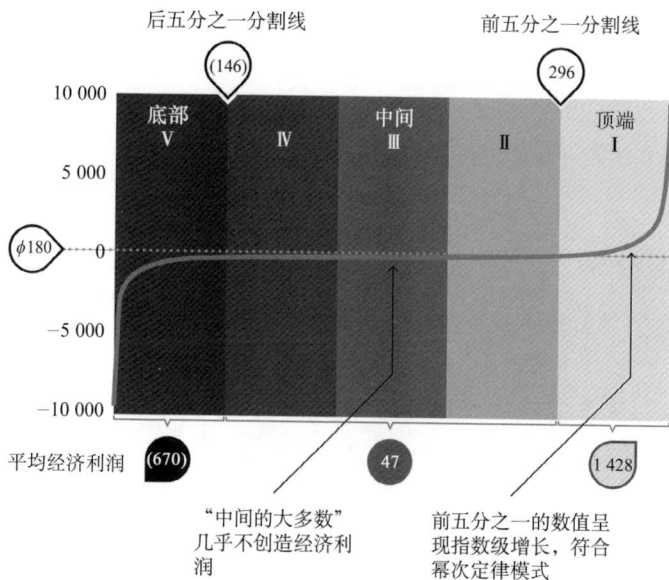

后五分之一分割线　(146)　　前五分之一分割线　296

平均经济利润　(670)　　47　　1 428

"中间的大多数"
几乎不创造经济
利润

前五分之一的数值呈
现指数级增长，符合
幂次定律模式

1　经济利润超过 100 亿美元和低于 -100 亿美元的公司(共 7 家)因为数值范围而没有显示
资料来源：McKinsey Corporate Performance Analytics™

　　为了制作这条经济利润曲线,我们汇总了 2010 年—2014 年 2 393 家营收最高的非金融公司的绩效数据,还估算了每家公司的平均经济利润。[10] 按照从低到高的顺序,曲线显示了每家公司在这 5 年内的平均经济利润。然后,我们将这条经济利润曲线分为三个部分:按照经济利润将企业平均分成五组,曲线底部代表后五分之一;曲线中间代表中间的五分之二、五分之三和五分之四;曲线顶端代表前五分之一。可以看出,中间与顶端差距巨大,顶端的平均经济利润高达中间的 30 倍! 所以,如果尚未跻身顶端,你可能很希望成为顶尖企业中的一员。

　　来自经济学、人口统计学和自然界的大数据集中有许多幂次定律的例子。地震震级的分布就遵循幂次定律,职业足球运动员的收入和图书销量同样如此。另一个例子是齐普夫定律(Zipf's Law)。该定律指出,使用频率最高的英语单词("the")出现的频率大约是排名第二的单词("of")的两倍,是排名第三的单词("and")的三倍。令人惊讶的是,这个定律适用于任何语言。[11]

　　虽然我们预料到经济利润的分布范围很广,但曲线尾部的陡峭和中间部分的平坦程度还是令我们颇感意外。回到之前关于地图的类比,我们原本以为要去日本,但却到了西印度群岛。如果把经济利润的真正异常值包含在内,尾部还会更加陡峭:苹果这样的公司就像生活在火星上一样,其所处的位置比"普通公司"的利润曲线要高两层楼。它们或许能够鼓舞地球上的普通企业,但事实上,尽管也包含在我们的数据集里面,但图表的数值已经对它们不适用了。

　　此外我们还意识到,极端结果几乎会使平均数失去意义。如果杰夫·贝佐斯(Jeff Bezos)(注:贝佐斯为亚马逊集团董事会主席兼 CEO)走进一间普通酒吧,里面所有人的平均财富就会立刻飙升到 1 亿美元以上,但事实上其他顾客的钱包仍然跟以前一样干瘪。由于数字差额巨大,所以足球运动员的"平均"工资没有太大意义。这就是日常生活在经济利润曲线上的表现。

我们从地图上看到了什么

回到战略办公室,经济利润曲线并非实际生活中使用的地图。内部视角让我们得以详细地了解与去年的对比情况,与直接竞争对手的对比情况,以及与明年预期的对比情况。但如果把视野放宽,着眼于盈利能力的整体格局,了解到所有行业和所有地区的所有大型企业,就可以获得一个重要的新视角了。我们会发现,绝大多数利润都来自曲线的一端,逐步接近这一端的过程中会呈现指数级增长。所以,优秀的战略不应该狭隘地仅仅关注去年、明年和竞争对手。战略目标应该沿着经济利润曲线向右移动。对多数企业来说(包括所有处于中间的 3 组企业),实际挑战是如何逃脱曲线中间那段广阔而平坦的部分,进入右边那段利润最丰厚的区域。

这并不表示比去年做得更好毫无价值。肯定有价值。我们也并不认为每家公司都能进入经济利润曲线的顶部。在盖瑞森·凯勒(Garrison Keillor)虚构的小镇乌比冈湖(Lake Wobegon),"女人都很强,男人都长得不错,小孩都在平均水平之上。"然而,没有一种灵丹妙药能让所有人都实现超常的绩效。但与其一味关注去年和明年,不如把视野放宽,从经济利润的整体格局着眼反而可以获得极其不同的视角。在制定战略的过程中,它将为你提供一张可供探索的地图。

当我们向 CEO 展示这条经济利润曲线时,双方总是谈得很投机,因为他们都很好奇自己排在什么位置。通常他们的第一反应是:这是常识,但并不普遍适用。他们并没有深入了解中间部分有多长、多平坦,也不知道"山峰"究竟有多高。根据这条经济利润曲线,我们发现:

市场力量非常有效。教科书上的理论认为,随着时间的推移,经济利润会趋向于零,因为它会随着竞争而消失。但我们很高兴地告诉大家,在大多数行业,获得利润并非不可能,因为真实的市场并不完美。在我们调查样本中的那家"平均数企业",资本回报率大约比加权资本成本高出两个百分点。但市场的确在不停地剥夺单个企业的利润。正是因为竞争激烈,想要保持现状才那么困难,曲棍球杆效应也才那么难以变成现实。

1 亿美元的项目改进并没有提升利润,它不过是让你的相对成本与竞争对手保持一致而已,像这样的情况你见过多少次了? 这种项目并不会击败市场,只是在参与市场而已。你只不过是在与同行保持一致。

对于处在经济利润曲线中间部分的公司,市场会让其付出沉重的代价。人们付出的所有努力扣除租金后可能就所剩无几了。这 3 组企业平均每年的经济利润仅为 4 700 万美元。事实上,现在的战略办公室里根本不会讨论曲线中间的这段平坦部分。

曲线两端极其陡峭。前五分之一企业获得了几乎 90% 的经济利益,平均每年 14 亿美元。这是企业界的名人堂,排名前 40 的公司包括一批家喻户晓的品牌,如苹果、微软、中国移动、三星电子、埃克森、强生、甲骨文、沃达丰、英特尔、思科、雀巢、默克、沃尔玛、可口可乐、奥迪、联合利华和西门子。[12]排名前 40 的公司年度经济利润总额高达 2 830 亿美元,超过数据库里全部 2 392 家公司总额(4 170 亿美元)的一半。

总体而言,前五分之一的公司平均经济利润高达中间三组的 30 倍左右,而后五分之一则出现了严重的经济亏损。这种不均衡的状态在前五分之一的公司中同样存在。排名前 2％的公司经济利润总额与紧随其后的 8％的总额相当。在智能手机行业，排名最高的两家公司（当时是苹果和三星）几乎获得了所有的经济利润。没错，如果把其他所有的智能手机制造商作为整体来看，这一时期它们其实是在破坏价值。苹果通过 iPhone 和 iPad "转售"内存获得的利润，超过了整个内存行业生产这些芯片的利润。

在曲线的另一端，经济利润负值曲线的"峡谷"也很深。不过幸运的是，它的深度还比不上山峰的高度。

随着时间的推移，曲线越来越陡峭。 2000 年—2004 年，前五分之一的公司总共获得 1 860 亿美元经济利润。而 2010 年—2014 年，其经济利润达到 6 840 亿美元。后五分之一的公司在 2000 年—2004 年间总共亏损了 610 亿美元。10 年后，其亏损总额达到了 3 210 亿美元。当然，投资者都希望寻找回报水平能够击败市场的公司。因此，越来越多的资本流入顶尖公司。管理者或许骗得了老板，但却骗不了投资者。资本既不承认也不尊重地理边界或行业边界。在截至 2014 年的 10 年内，市场每增加 1 美元资本，就有 50 美分被当时跻身前五分之一的公司夺走。这种资本流入使得顶尖企业的平均经济利润进一步提升，10 年间的实际增长率超过了 130％，从 6.12

亿美元增长到 14 亿美元,而其平均投资回报率则始终相对稳定,保持在 16% 左右。

即使在曲线越来越陡峭的时候,这种不平等也不是一成不变的。接下来我们会在本书中看到,众多企业和整个行业都在曲线中上下波动。曲线不仅不均匀,而且十分动荡:一家公司在曲线上的位置始终在变。

规模不是一切,但也并非毫无意义。在选择经济利润这样一个指标时,我们知道,规模也会产生影响。这可能让一些人觉得不舒服。[13]有人或许认为,应该使用经济净利润或资本回报率这样的相对指标。但在指标中融入规模因素的确合乎情理:我们评估一项战略的优势时,不仅仅要考虑其经济方案有多么强大(根据资本回报与资本成本的差额来衡量),还要考虑方案的可扩展性(根据已投入资本来衡量)——请参阅图 2-3。沃尔玛的资本回报率适中,约为 12%,但已投入资本高达 1 360 亿美元;与之相比,星巴克

图 2-3 回报 VS 规模

有很多组合能够让你进入前五分之一

年度平均,2010 年—2014 年,总数 = 2 393

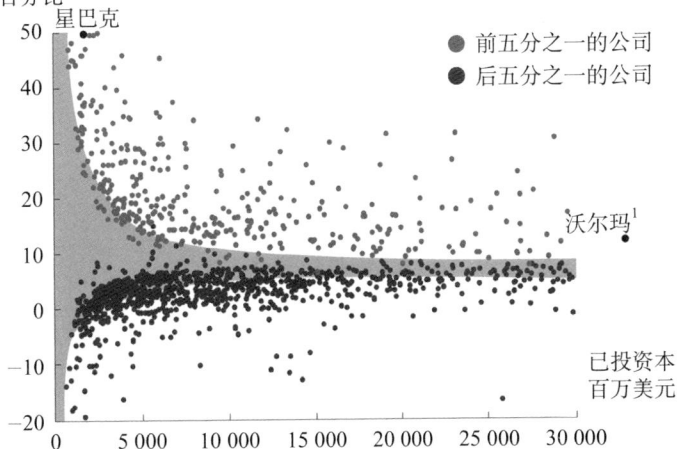

1　12% 回报率,1 360 亿美元已投资本

资料来源: McKinsey Corporate Performance Analytics™

的资本回报率高达 50％，但因为属于可扩展性远远低于沃尔玛的类别而受到限制，已投入资本仅为 26 亿美元。这两家公司都跻身前五分之一，但谁的战略更优秀？这个问题不太好回答，但二者的经济利润差距很大却是不争的事实——沃尔玛达到 53 亿美元，星巴克仅为 11 亿美元。

规模也有自身的局限性。大公司(已投入资本高于平均水平)在后五分之一中的占比高达 80％。如果非要得出什么结论的话，我们认为：规模较大的公司更有可能获得极高或极低的经济利润。有 28％的大公司入围前五分之一，只有 41％分布在中间三组。简单来说，如果你的规模很大，那就更容易创造高额利润或遭遇高额亏损。然而，只有将规模和差异结合起来才有意义。

归根到底，这是你与世界的对抗。你总是习惯与同行或 3 年前的自己比较，但是如果通过经济利润曲线来看待整个世界，就会获得截然不同的感受。你的视野拓宽了，你可能变得更谨慎或更大胆，具体取决于你发现自己处在曲线的什么位置——现在你查看了很多相关数据，但却能看到事物的全貌。在这里，企业依靠自身的绩效吸引投资者，竞争对手是其他所有企业，而不仅仅是自己所在的行业。在这里，你会根据企业在曲线中的上下浮动来判断战略的效果。有人认为，与其他行业和其他国家的企业对比并不公平——但资本就是这样对比的。它总会流向机会最好的地方，不管什么行业，也不管什么地区。你的主要对手是遵循优胜劣汰的市场力量，它会挤压你的盈利能力；衡量你成功与否的主要指标是你在多大程度上避开了这种挤压。

你为什么处于现在的位置

CEO 和 CFO 们看到自身企业在经济利润曲线上的位置时也往往会感到意外。这并不是因为他们过去存在幻觉，只是由于习惯了内部视角。他们只会依照同业基准，把所在企业的绩效与直接竞争对手进行对比，而不会放到全球所有企业中进行对比。

　　有的 CEO 发现自己处于中间位置时感到很意外;他们一直都自以为位居行业的顶端。有的 CEO 发现自己处于曲线的顶端时感到意外,于是开始思考这究竟表示他们需要延展曲线,还是难逃下滑命运。无论一家企业处在什么位置,问题很快都会变成: 我们为什么在那里?

　　这也会得出一个令人意外的答案。采用内部视角的时候,如果进展顺利,我们往往将其归功于管理层;而当形势严峻时,则归咎于行业问题和运气不好。然而,我们的分析表明,你在曲线上的位置大约有 50% 源自行业因素——强调"进军什么领域"的确是战略中最关键的选择之一。

　　如图 2-4 所示,我们发现行业表现也遵循经济利润曲线,同样也有"峡谷"和"山峰"。

图 2-4　行业的经济利润曲线

行业也有经济利润曲线——你所在的行业很重要

每个行业内企业的年度平均经济利润, 2010年—2014年
百万美元, 总数=2 393

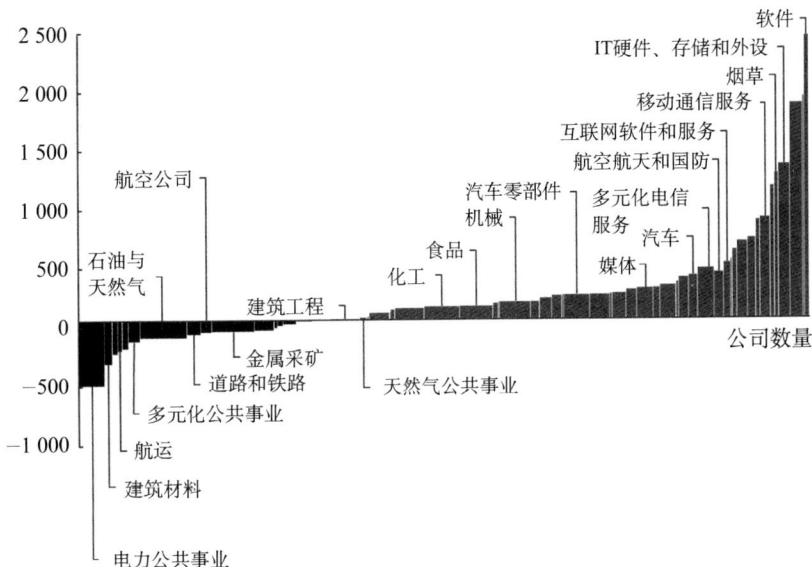

资料来源:McKinsey Corporate Performance Analytics™

我们的研究对象中共有 12 家烟草公司,其中 9 家跻身了前五分之一。但研究的 20 家报业公司没有一家名列其中。软件、制药和移动通信等众所周知的高绩效公司占据了这一组的多数位置,而公共事业、交通运输、建筑材料公司主要位于后五分之一组。

一家企业所在的行业对其在经济利润曲线上的位置影响很大,你宁愿选择成为优秀行业中的一家普通公司,也不愿意成为一家一般行业里的优秀公司——请参阅表 2-1。中间位置的制药公司(印度的 Sun Pharmaceuticals,经济利润为 4.24 亿美元)、中间位置的软件公司(Adobe Systems,经济利润为 3.39 亿美元)和中间位置的半导体公司(Marvell Technology Group,经济利润为 2.77 亿美元),都能在化工企业中跻身前五分之一,在食品公司中跻身前 10%。

在某些情况下,你甚至宁愿进入自己供应商所在的行业。例如,同样如表 2-1 所示,航空公司的平均经济利润亏损了 9 900 万美元,而航空航天和国防领域的供应商平均利润则达到 4.53 亿美元。事实上,Saab AB 的经济利润高于新西兰航空,前者在航空航天和国防供应商中排名前 20%,后者在航空公司中排名前 80%。这并不意味着所有航空公司的经济绩效都很差(日本航空就是明证),也不意味着航空航天和国防领域都利润丰厚。但不可否认的是,不同行业的吸引力的确有高低之分。

如图 2-5 所示,纵观整个市场,经济利润曲线前五分之一的公司仅仅因为身处一个更好的行业,就可以将经济利润提升 3.35 亿美元,而后五分之一的公司所处的行业较差,经济利润因此减少了 2.53 亿美元。

当然,也有一些不受行业影响的例外的企业。例如,综合电信服务公司(该行业位居前五分之一)在前五分之一和后五分之一中都有相当高的占比。综合油气公司同样如此(该行业位居后五分之一)。如果要解释这种差异,我们发现,行业因素占比为 40%～60%,而随着行业定义越来越细化,行业因素的影响在经济利润中的占比只会有增无减。

即使我们看过的所有战略都从行业视角开始陈述,但这种视角却很少被用来解释过去的绩效。

表 2-1　行业内的经济利润差异

好行业里的普通企业，其业绩优于差行业里的好企业

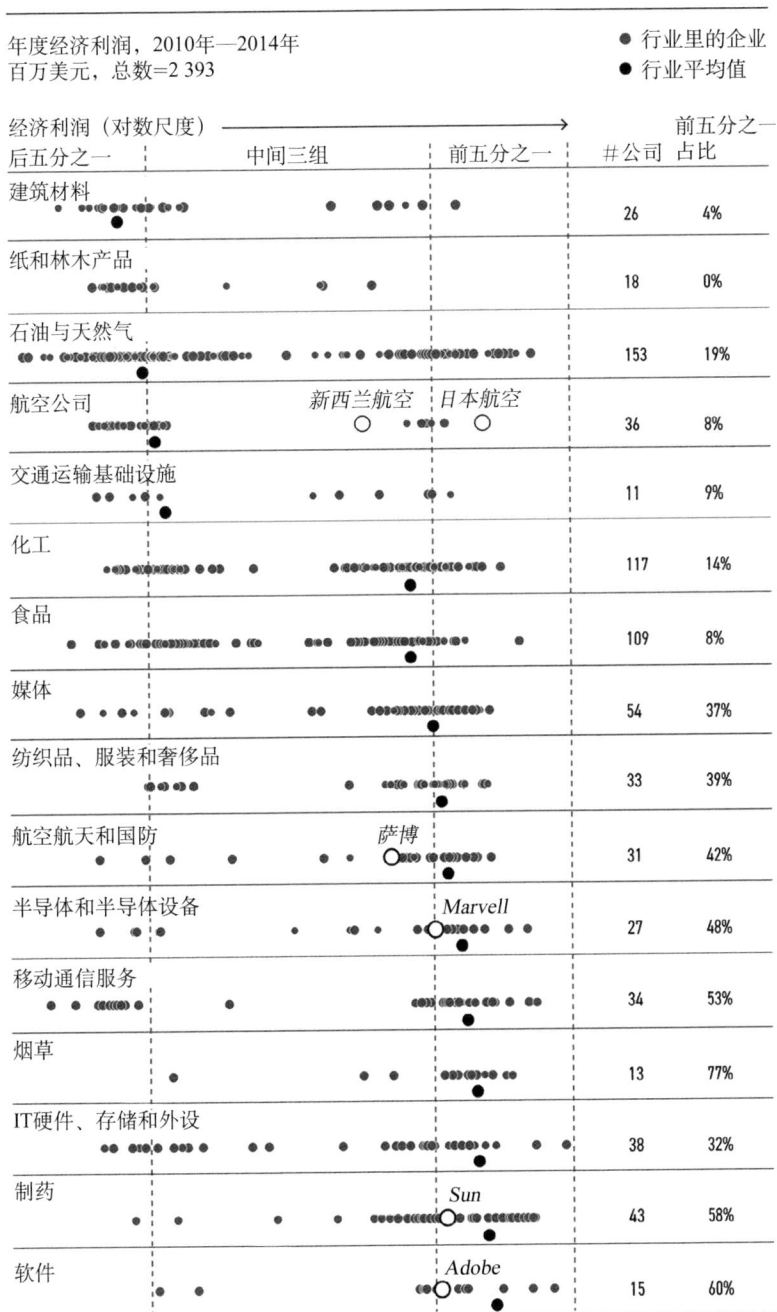

年度经济利润，2010年—2014年　　　　　　　　⚫ 行业里的企业
百万美元，总数=2 393　　　　　　　　　　　● 行业平均值

经济利润（对数尺度） ➝			#公司	前五分之一占比
后五分之一　　　中间三组　　　前五分之一				
建筑材料			26	4%
纸和林木产品			18	0%
石油与天然气			153	19%
航空公司 　　　新西兰航空　日本航空			36	8%
交通运输基础设施			11	9%
化工			117	14%
食品			109	8%
媒体			54	37%
纺织品、服装和奢侈品			33	39%
航空航天和国防 　　　萨博			31	42%
半导体和半导体设备 　　Marvell			27	48%
移动通信服务			34	53%
烟草			13	77%
IT硬件、存储和外设			38	32%
制药 　　　　Sun			43	58%
软件 　　　　Adobe			15	60%

资料来源：McKinsey Corporate Performance Analytics™

图2-5 行业影响

行业的平均经济利润对顶端形成促进,对底部形成压制

年度平均经济利润,2010年—2014年
百万美元,总数=2 393

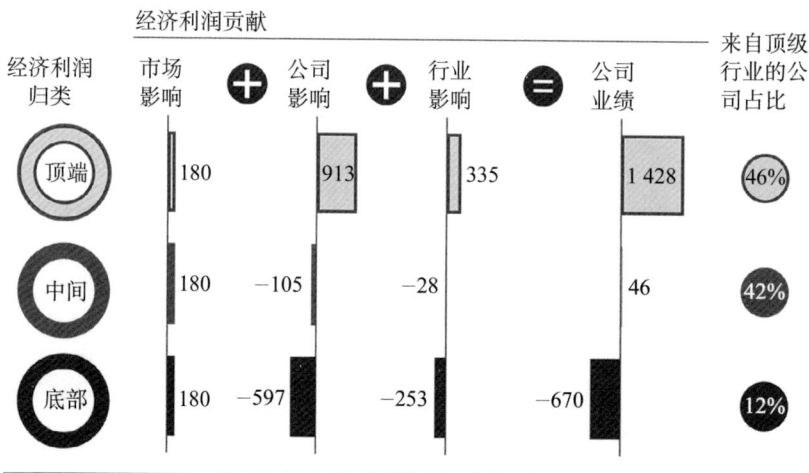

经济利润贡献

经济利润归类	市场影响	**+** 公司影响	**+** 行业影响	**=** 公司业绩	来自顶级行业的公司占比
顶端	180	913	335	1 428	46%
中间	180	−105	−28	46	42%
底部	180	−597	−253	−670	12%

资料来源：McKinsey Corporate Performance Analytics™

战略方面的古老智慧是,你必须真正回答一个问题,即,"我为什么赚钱?"行业因素的重要性超出多数人的想象,也超出多数人愿意接受的程度。无论是好的方面(当顺风前进时),还是坏的方面(当不利趋势预示我们艰难时刻即将到来,而我们并不喜欢这些消息时),都是如此。

现在,我们已经开始绘制自己的新地图,并且理解行业的重要作用,那就返回战略办公室,看看究竟有哪些差别吧。

用外部视角获取新观点

当你意识到,成功在很大程度上取决于公司和行业在经济利润曲线上的位置变动时,观点就会发生变化。有的公司进入前五分之一的概率较低,

可能受所在行业的制约,而很多公司至少还有机会。如果你渴望在曲线上向上移动,现在需要关注以下几个有意思的点:

- **经济利润曲线是新的参考点**,你之前可能没有使用过。你不再与去年的自己或同行对比,而是与所有争夺资本和经济利润的公司对比。

- **在经济利润曲线中向上移动**成为战略成功的标志。小目标是移动到中间的平台。大目标是移动到前五分之一。同样的道理,反向移动则意味着失败。

- 你的**愿望需要调整**。渐进式的改进不足以让你变换位置,因为你的竞争对手也很努力——因此,你所做的一切最终可能只是让你原地不动。

- 在曲线中向上移动不是一年就能实现的——这段**旅程需要优秀的战略和持续的落实**。尾部太过陡峭,攀登非一日之功。

于是一个至关重要的问题来了:"怎样才能在经济利润曲线上顺利移动?"嗯,差不多需要 10 亿美元:我们后面将会看到,真正从中间三组跨越到前五分之一的公司,年度经济利润平均提升了 6.4 亿美元。

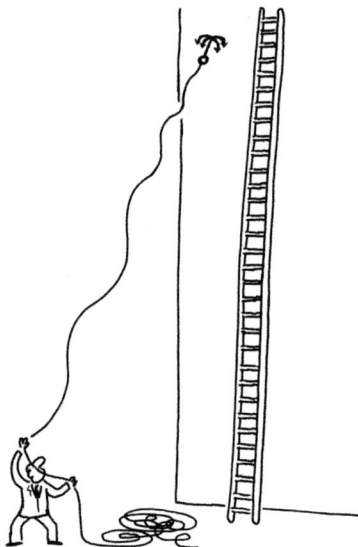

正如我们之前所说,企业要想成功,就需要实现比常规情况下更大的变化。一家公司的 CEO 向来喜欢讨论 4%~6% 的增长,并据此为各个部门分配资源。有一年,在对各个业务和地区进行了更细致的分析后,他意识到,有一个区域(当时的俄罗斯)正在以 30% 的速度增长。于是,他向俄罗斯的业务投入了大量资源,创造了极为有利的环境,最终大大加快了增长速度。俄罗斯区域的业务主管评论道:"我知道我们能赢;只不过直到那时,我们从未获得过所需的资源,因为以往只看平均数。"

有的时候,要想取得巨大的成功,甚至需要采取更极端的措施:进入利润更丰厚的行业或更有利的细分行业(这并非易事);如果这种方案不可行,那就重构你所在行业的经济状况,使之更具吸引力,这也许是你唯一的选择。

• • •

在制定战略目标时,多数公司都明白,曲棍球杆计划几乎不会实现期望的结果。奇怪的是,他们其实都在寻找正确的方向。在经济利润曲线中向上移动确实要遵循曲棍球杆效应。挑战在于区分这种效应的真伪。我们很快就会介绍如何识别真正具备曲棍球杆效应的计划,但首先还是来看看假的计划是如何产生的,以及由此引发的问题。

梦想很丰满，现实很骨感

曲棍球杆计划是战略游戏的自然结果，往往伴随着畏首畏尾。当满怀希望的预测接连与事实相悖时，就会得到最丑陋的战略图："毛茸背"（hairy back）。但真正的曲棍球杆效应的确存在！

在最近的一项调查中，CEO 们表示，仅有 50％ 的目标制定和战略决策是基于事实和分析的，另外一半则是战略决策流程和战略办公室里的动态因素的结果。[1] 因此，像树立恰如其分的远大抱负、确定合适的工作重心等，不仅技术上有难度，而且还刚好处于我们之前探讨的偏见与代理人问题的交叉点上。

这些任务深受战略的人性面困扰，在集体意愿和个人恐惧、抱负、竞争、偏见之间充满冲突。即便能够充分理解这种环境，但设定目标的过程仍然干扰重重。过度自信、盲目推断、争夺资源、预期不断抬高，或者目标制定者常有的喜欢"延伸目标"的心理，都会导致目标定得过高。"堆沙袋"、谈判协商和风险厌恶，则会导致目标定得过低。

结果就是："曲棍球杆"和"毛茸背"。

"毛茸背"的出现

正如我们所见,战略办公室里的动态因素经常催生曲棍球杆计划:前几年过于保守,然后对长期结果过于激进。[2] 由于前期投资的因素,这些曲线在初期会出现短暂下降,之后便掉头上升。把多年以来未能实现的曲棍球杆曲线组合起来,就会得到曲棍球杆那个丑陋的表亲——"毛茸背"。我们有满满一抽屉这样的案例,图3-1就反映了其中一例。

是不是看上去很熟悉?(可以在家里试试!)

图3-1显示了一家大型跨国公司的业绩。该公司原计划在2011年实现爆发式增长,但结果却平淡无奇。团队并不气馁,而是为2012、2013、2014和2015年分别绘制了一条又一条曲棍球杆曲线,但实际情况却始终不温不火,然后逐渐下降。

图3-1 "毛茸背"示意图

每年未达标的曲棍球杆计划形似毛茸背

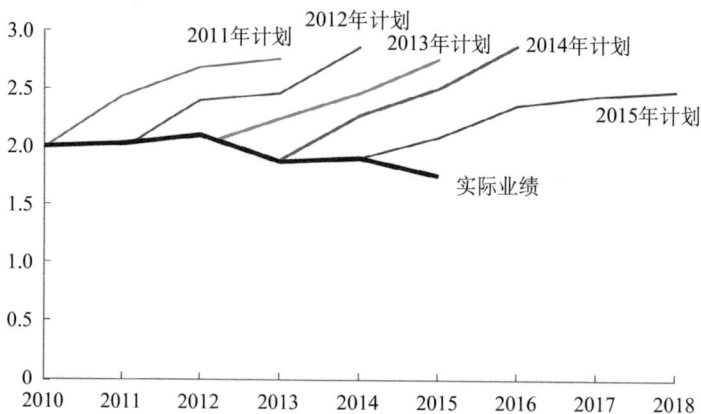

税息折旧及摊销前利润
十亿美元

资料来源:Disguised client example

"毛茸背"是很普遍的现象，销售、利润、利用率等各个方面都会出现这种情况。董事会害怕它，投资者知道它，CEO 也在努力避开它，但它却总是不停地出现。

部分原因在于过度自信，这很符合人性。在被问及驾驶技术时，有93％的美国司机和 69％的瑞典司机都认为自己高于平均水平。在被问及安全率时，88％的美国司机和 77％的瑞典司机认为自己高于平均水平。[3] 很多领域的专家也都存在这样的偏见——经验越丰富，就越有可能过度自信。

"我没有理由飞不起来。"

企业里的人际因素会助长过度自信的风气：有没有人因为根本未能实现的增长预测而获得提拔？一些经常阅读励志书籍的人甚至会认为，制定"延伸目标"能起到激励作用，无论这些目标多么不切实际。很多曲棍球杆计划之所以会出现，就是由于人们真的认为自己可以实现这些目标。

获得批准

另一些曲棍球杆计划的出现是由于人们在玩社交游戏：虽然规划流程名义上是为了制定战略，但真正的目标其实是为明年至关重要的预算申请资源。管理者需要依靠这些资源维持地位，并由此获得有可能助其升职甚至担任最高职位的业绩。管理者并不奢望获得自己想要的一切；他们会索要超额资源，这样一来，即便是经过预期压缩之后，依然可以获得"充足的"资源。此外，与制定无法实现的曲棍球杆计划相比，无法获得资源产生的后果往往更加严重。

你应该见过这种把戏，甚至也可能亲自玩过。当需求确定之后（例如15％的内部投资回报率），人们制定的计划就会神奇地超过这个标准。没有人在参与规划会议时希望自己的计划遭到否决。没有人希望在资源竞争中失败。

试想，如果一位管理者带着切实可行但却平淡无奇的目标走进会议室。你肯定会好奇：这个人有没有足够的能力和抱负？他在制定战略时真的融入了创造力和才能吗？他难道不相信自己的执行能力？不，但曲棍球杆计划就这么出现了。我们太容易相信自己满怀期待的事了。

CEO不会批准每一个曲棍球杆计划，但却需要在某个地方有一个增长故事。高管团队制定了很多决策，但却很难一个不漏地评估所有内容，因此获得大众普遍支持的曲棍球杆计划通常来自那个以往绩效最佳的人。CEO把那项计划的一个版本提交给董事会，董事会可能要求修改一些细节，但却基本支持CEO的计划。

故事还没结束。

财务压缩

之后，负责最终分配资源的CFO拿到那份计划，游戏的下一个阶段开始了——这个阶段需要达到最终目标：获得至关重要的首年预算。CFO当然受不了曲棍球杆计划前几年的任何业绩下滑，也就是所谓的"投资低谷"，尽管按照计划，此后会出现大幅增长。所以，CFO会要求大幅压缩成本，以弥补这种下滑。这种下滑还会消耗掉安全缓冲，CFO希望在预算中通过这样的安全缓冲抵御这一年出现的意外问题，总有这样或那样的问题会不期而至。CEO虽然支持曲棍球杆计划，但也承认需要安全缓冲——没有什么比向董事会承诺公司很安全，但之后却没有达到目标更糟糕的事情了。因此，CFO 收回了一些资源，"平滑了"第一年的业绩曲线。

我们收到的一封电子邮件可以说明这一点。在与全球 CFO 见面讨论某个业务部门的一项重大战略调整后，一位高管写道：

> 【她】相信这项战略，但与任何一位优秀的 CFO 一样，她也希望能在短期盈利不受冲击的情况下完成计划。接下来她立刻转向一个关键问题：是否要在接下来的两年里加快资本支出。

无论曲棍球杆计划是否过于乐观，是不是社交游戏促成的结果，或者是否蕴含着真正的机会，但真正的重点通常在于：计划中所承诺的成功几乎都无法实现。本应为增长打基础的投资遭到了削减——但出于某种原因，增长的野心却通常保持不变。

到了第一年的年底，业绩果真没有达到曲棍球杆计划的目标。于是便出现了归因偏差。肯定不是压缩预算的人错了。毕竟，是管理者签发了预算。他们会找一个最恰当的理由来解释为什么没有达到目标，通常是某些突发事件——不合理的天气、一次 IT 宕机事件，诸如此类。尽管这些事件似乎每年都会发生。在把失败归咎于外部因素后，管理团队团结起来，决定加倍下注、重设目标。"虽然失去了一年，但我们会重回正轨。"

于是图表上的下一根"毛"萌发了出来。

丹尼尔·卡内曼和丹·洛沃罗(Dan Lovallo)在他们的著作中解释了人类所具有的大胆预测和胆怯计划的倾向，所以我们往往会预计销售、盈利和其他指标实现超常增长，但却不会采取能够实现这些增长的重大举措。[4] 他们的论文发表于 25 年前，但我们至今仍在不停地犯着同样的错误。我们其实是在说："只要采取与去年一样的措施，或者多采取一些措施，我们明年的业绩就会好很多。"

大胆预测

马克·吐温曾经用一段美妙的文字总结了大胆预测存在的典型问题，他说："令你陷入困境的并非无知，而是那些似是而非的荒谬论断。"

这种"确知论断"屡见不鲜。我们在演讲中经常提出这样一个有趣的问题：房间里有多少人相信"中国的长城是唯一能在太空中用肉眼看到的人造建筑"？

令人震惊的是，多数人都"知道"这是真的——但事实并非如此。

这个说法产生于 1754 年，但 1961 年就已被证伪。那一年，第一位宇航员尤里·加加林围绕地球飞行时亲自进行了验证。他无法用肉眼看到长城，之后的太空旅行者也都没有看到，因为用岩石制作的长城跟周围的地形混为一体。但现在，大多数人仍然"知道"长城在太空中可以用肉眼看到。

在预测的时候，会有几个隐形杀手潜入我们的战略办公室。最常见的

几个包括缺乏适当的基线、业绩归因错误，尤其是我们对待不确定性时采用的方法。

缺乏适当的基线。 预测的基础是那些我们自认为知道的事情。在第一轮互联网繁荣时期，我们的一个客户考虑投资 10 亿美元新建一条贯穿美国的光纤网络，因为他们预计通信将会出现爆发式增长。互联网的出现显然会拉动光纤容量的需求，所以不少企业纷纷跑马圈地，希望分一杯羹。互联网给企业和人们的交易方式带来的变革越大，需要的光纤容量就越大，所有人都"知道"这一点。但这种看似无限的爆发式需求并非故事的全貌。当时已经有很多光纤投入使用，而随着通过光纤发送信号的路由器不断改进，现有的光纤容量也会快速增加。另外还要考虑"暗光纤"（已经安装但尚未使用的光纤容量），再加上竞争对手宣布的额外容量安装计划。把这些加总起来就会发现，即使按照最夸张的需求来计算，这些容量也会超出未来 5 年的需求。后来，这家客户公司花时间做了一个适当的基线，而且发现大家都"知道"的事情并没有变成额外的容量需求，于是决定停止这一项目，没有为这个曲棍球杆计划投入 10 亿美元，最终得以逃过一劫。一年后的互联网泡沫破灭应验了这一明智的决策。而另外很多公司都曾在没有适当基线的情况下展开投资，简单地根据自己了解的情况采取行动，并为此付出了惨重的代价。

在制定市场份额增长计划时，会遇到另一个常见的基线问题。在个人电脑发展早期，每一家有实力的电子公司都认为自己能够在快速扩张的美国市场拿下 20% 的份额，但却忽略了有多少对手也在追求相同的目标。有 8 家公司都试图夺取 20% 的份额，这导致整个行业出现了无法挽回的产能过剩，痛苦的衰退随之而来。[5]

大胆的预测很难避免。人们很容易在 Excel 里面随意调整单元格，但却根本没有注意到，光是达到目前的目标就要克服很多困难了。或许跟我们一样，你也有朋友想在一场马拉松里面跑出好成绩但却没能达到预期，他们的训练强度不够，却坚信自己比事实上强壮得多。企业也会犯同样的错误。

业绩归因错误。 评估业务发展势头时也很容易犯错。人们往往会把业绩误当成能力："我们做得很好，所以肯定优于竞争对手。无论如何，我们都会继续繁荣发展。"即便成功来自外部环境，人们仍会这样想。在顺境中更加难以识别这种归因错误，因为了解潜在动态的需求不够迫切。例如，如果一家公司在可以迅速提价的环境中繁荣发展，它或许会认为这是因为销售业务的效率提高了，仅仅是因为收入的增长超过了销售成本。但是当定价环境严峻时，该公司或许就会发现，整套系统出现了各种各样的低效问题。

在网络繁荣时期，北美的几家消费电子代工企业都通过四处收购客户工厂进行快速扩张。由于新闻报道四处宣传其无可匹敌的效率和物流能力，它们的股价也大幅上涨。当增长故事随着互联网泡沫的破灭戛然而止时，人们才发现，在快速成长时期，他们在收购新业务时就连最基本的整合工作都忽略了，这导致业务量下滑产生的影响进一步放大。复苏花费了好几年时间，还有好几家公司成了别人的收购目标。

我们经常会犯归因错误，即便是当自己为此受到伤害时也不例外。例如，我们都渴望"友好的"家庭医生。然而，客户满意度排名前五分之一的医生收治的病人，其花费的医药费要高出9％，死亡率也要高出25％。一个让你感觉良好的医生却会把你置于危险境地[6]——但你可以试试将此事告诉一个对医生很满意的患者，看看对方会做何反应。

公司业绩的现实视角往往也会被延伸目标（又称 BHAG）所扰乱。在设定目标时，领导者往往会把自己的希望强加于事实之上。以往获得超常业绩的管理者更容易设定不切实际的超高业绩目标，有的时候这会对团队士气产生负面影响。

很多商业书籍都在宣扬一种观念：伟大很容易实现。这些书会借助几个精挑细选的案例，暗示超常的业绩近在咫尺，只要你采用合适的方法就能实现。事实并非如此。首先，这种不严谨的因果关系忽略了行业动态在其中发挥的重要作用。无论我们从多久之前就开始把苹果当榜样，并非每家公司都能成为苹果。事实上，恐怕没有人能做到(更精确一点，在我们取样的 2 393 家企业中，也只有一家公司可以)。不过，类似的图书还是不停地出版，人们也仍在不断尝试，并暗自为自己赋予了超出实际水平的能力。

如何应对不确定性。"预测很难，预测未来尤其困难。"尤吉·贝拉(Yogi Berra)和之前的尼尔斯·玻尔(Niels Bohr)都曾说过同样的话。[7]当我们想要开展适当的战略决策流程时，这个说法尤其准确。不确定性不仅在战略中无处不在，它甚至正是我们需要制定战略的原因所在。如果没有不确定性，我们只需要一份从 A 到 B 的计划即可。

在战略决策流程中，应对不确定性所遇到的问题并没有得到人们的深入分析。分析往往并不会涉及不确定性，就连适当的场景规划也很少见。令人意外的是，其关键原因在于战略的人性面。为什么？从某种意义上讲，CEO 很容易通过组合游戏来应对不确定性，他们知道，并非每一个赌注都必须全面投入才能成功。问题是，企业层面的组合游戏对各个业务部门的负责人来说，就变成了全面下注。我们都听过这样的话："你的数字代表你。"而不会有人表示："好吧，项目只有 50% 的胜算，所以我不会因为失败责怪他，除非他再犯一两次类似的错误。"不会的，在部门主管的层面，结果非黑即白。要么成功，要么失败。

正是因为存在可能性和不确定性，才让社交游戏得以广泛流行。

问题在于干扰信号。我们无法判断糟糕的业绩是不是虽败犹荣，同样也无法判断出色的表现是否来自意外的运气。这究竟是努力使然，还是造化弄人？规划失败和执行失败，哪一种危害更大？或许这项战略本身就很糟糕？不确定性不仅意味着我们无法看清未来，甚至还会影响过去。后视镜里的尘雾导致你根本看不清自己从何而来。[8]

当然，在企业运营的过程中，有很多因素是你无法掌控的，比如经济走向、政治事件、竞争对手的行动。在大多数战略办公室里，如何应对不确定性都是一个非常突出的问题。它就像房间里的一只600磅的大猩猩（即摆在你面前不得不面对的事情）。事实上，它就坐在桌子中间，长着长牙，流着口水。可没人想谈论它。因为这是一个复杂的话题，可能会轻而易举地阻碍计划获得通过。但它就坐在那里。所以，陈述战略的管理者就如何应对这只大猩猩制定了复杂的方法。他们的方案必须得到明确通过，而不是模棱两可的答复。也就是说，他们必须让人们对其承诺的结果满怀信心——至少要提供一种确定性的错觉。

以下就是我们在战略办公室里应对不确定性时最喜欢采用的一些方式。

首先，**忽略不确定性**。很多战略陈述的开头都会引用分析师的市场预测。没有场景，也没有列出一系列结果，开篇就阐述"未来最可能的版本"。最后才能提到不确定因素。在那之后，你会得到这份计划的逐项估算，这完全就是为了获得通过。

其次，**把不确定性当作事后的想法来对待如何**？对多数人来说，战略办公室都是一个严酷无情的地方，而且说实话，多数管理者都不能接受在那个舞台上的失败。执行问题？可以。战略有差距？可以解决。但进行一场关于概率的战略对话呢？你肯定在开玩笑！结果就是，在总共150页的战略幻灯片中，一直到149页才会阐述风险。主讲人希望还远远没有讲到那里就能获得预算审批。第149页幻灯片的题目类似于"潜在风险及缓解方案"，这部分内容只是为了当有人提出关于风险的刁钻问题时，可以告诉在场的人，相关问题已经考虑到了。

最后，**假装应对不确定性**。在某些情况下，战略办公室里其实也会讨论不确定性。例如，地缘政治风险正在威胁某个新兴市场的销售增长，或者竞争对手会采取行业整合行动。讨论过程中会涉及一些场景，并探讨哪种场景更有可能或更不可能出现。之后会将一种场景选为"基本情况"，这大概就是你听到的关于不确定性的最后一件事情。战略明确，工作完成。

当然，还有一些不应对不确定性就无法生存的企业。例如，在资产管理公司和其他金融企业，常常使用风险加权指标。不同点在于，他们主要的业务是调用资金。而在实体企业中，你还需要调用人，并且还关系到企业领导者的职业和声誉。如果负责计算的人错估了风险，管理者放弃了资源，他们都会因此声誉受损。

这些常见的做法和相关的错误都会埋下伏笔，导致企业怀有不切实际的雄心，并最终制定出有硬伤的战略。

需要明确的是：设定大胆的目标并没有错。事实上，你需要大胆的目标以便在经济利润曲线中向上移动。但这些野心抱负需要符合企业的实际状况和不断变化的经营背景。本书讲述的就是如何设定大胆的目标，同时采取达成目标所需的同样大胆的举措。

胆怯的计划

麦肯锡最近对众多大企业进行的研究显示，超过 90% 的业务部门层面的预算都可以从统计学上用前一年的预算水平来解释。[9] 多数公司因为谨慎的计划而进展缓慢。可是，胆怯的计划如何才能与野心勃勃的预测和目标结合呢？

首先我们从人本身的角度来看。在制定真正决策时，尤其是这些决策会对自己的家庭、职业或财富造成影响时，很多人都会规避风险。

"他非常抗拒风险。"

你或许曾经参加过银行为了判断你是哪种类型的投资者而进行的调查。这些调查结果和行为科学家展开的很多实验都表明，我们多数人更愿意放弃一个很大的好处以规避一个很小的坏处。我们都不喜欢失去。

但当个人的风险厌恶投射到公司战略时，就会出现问题。如果一家大型的多元化公司有很多投资者，且投资者本身也很多元化，那么这家公司的风险承受能力就会远远高于那些由中层管理者把关计划的公司。

经常可以看到，人们在战略办公室里几乎不惜一切代价规避不利因素。重大举措很少会被提出来而且被通过的概率更小。一家香港顶尖地产公司的CEO曾经向我们抱怨，他手下的管理者从来没有提出过重大创意。当我们问他为什么时，他回答道："每当他们说话时，都无法清晰地表达自己，所以我过半分钟就会打断他们。"猜猜那些说话的人会在下次会议上怎么做？

想想看：你见过多少部门经理在年度规划时提出强有力的并购战略？你见过多少提议能够真正改变行业格局？这样的事情确实很少发生。战略办公室里的多数讨论都是关于如何通过努力来多获得几个百分点的市场份额，或者多挤出几个百分点的利润率。这样可以显示出进步。没人会被炒鱿鱼。

如前所述，我们会证明这种渐进式改进的观念是一种谬误：更重大的举措不仅可以提升你的成功概率，还能降低你业绩下滑的风险。不过，规划的氛围中还是弥漫着对下滑风险的恐惧。我们调查的每 10 名高管中就有 8 人表示，其所在公司更愿意证实战略决策流程中的既有假设，而不愿尝试新的假设。渐进式改进是常态，而非个例。

公司的"抹花生酱"方法

避免团队冲突、"务实"开展业务、给予所有团队成员"平等机会"、保持积极性——所有这些都有助于形成资源黏性。企业规划更像是你的早餐战略：像在面包上抹花生酱一样，把资源摊薄到公司的所有部门，确保无人遗漏。

"抹花生酱"模式几乎已经成为默认模式，这样一来，即便曲棍球杆效应可能实现，业务部门的负责人也很难获得必要的资源。我们的一家高科技公司客户有一项核心计算业务，营收达到 260 亿美元，他们希望再建设另一项主导业务。公司甚至从研发部门腾出一些资源和资本预算。但是后来，他们决定同时追求 17 个增长机会。当一家有吸引力的服务企业出现了并购机会时（这有可能为增长带来新的主导业务），他们却不具备完成这一交易所需的资源，因为另外 16 位管理者都把资源用于他们各自的项目上了。那笔交易最终未能完成。

采取"抹花生酱"模式之后，公司几乎就无法通过重大的举措攀升至经济利润曲线的顶端了。

瞄准已知

企业备忘录的另一端是激励、奖金和晋升，这其中隐藏着胆怯计划的另一个成因。我们肯定都渴望成功。但这就意味着多数人会大幅偏向 P90 计划(即成功概率达到 90% 的计划)，而不是 P50 计划(只有 50% 成功概率的计划)。事实上，跟我们合作过的很多人都默认，他们只会同意那些几乎确信无疑的预算目标(P100)，希望避免任何完全出乎意料的干扰。然而，当我们询问 CEO，未完成的计划占多高比例才算合理时，很多人都表示，如果计划具有足够的延伸性，一个领导者应该每三四年会遇到一次计划未能完成的情况；也就是 P60 到 P75 计划。多么不同的观点！

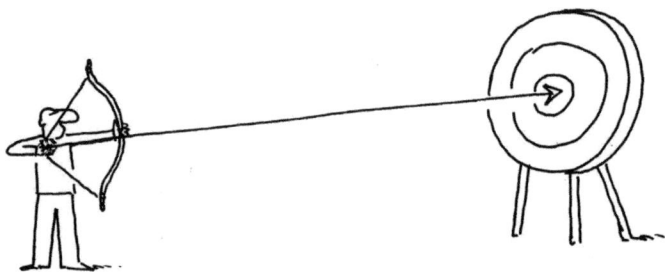

一家大型高科技公司(事实上，就是我们刚刚提到的那家)的运营负责人最近告诉我们："今年早些时候，我们因为一个目标未能达成而遭到痛批。我不会再冒这种险——虽然我明白可能到年底会实现极佳绩效，但还是先完成年度计划再说之后的事情吧。"问题是，到那个时候，就没有机会在年底前实现更为远大的目标了。

谨小慎微已经渗透到我们内心深处和决策流程之中，即便制定大胆的计划也无济于事。

但真正令人困惑的是：尽管曲棍球杆计划经常会催生"毛茸背"，但真正的曲棍球杆效应的确存在。而这种效应恰恰是企业在经济利润曲线中向上大幅移动的常规方法。

看看那条经济利润曲线：位于前五分之一的公司平均盈利是中间三组的 30 倍。按照定义，向前五分之一移动几乎就是一项为股东创造巨大价值的曲棍球杆计划。这确实可能发生，但究竟应该怎么做？

"在战略办公室里面，我们偶尔也会看到事情的
本质和发展方向，并制定真正大胆的计划。你的
工作是劝说我们不要这样。"

真正的曲棍球杆效应

看看图 3-2。灰线是一家典型的公司——起初位于中间三组，10 年之

图 3-2　真正的曲棍球杆效应

公司在经济利润曲线中跃升，实现真正的曲棍球杆效应

平均经济利润
1 435家以中间三组为起点的公司2000年的数值（单位：百万美元）

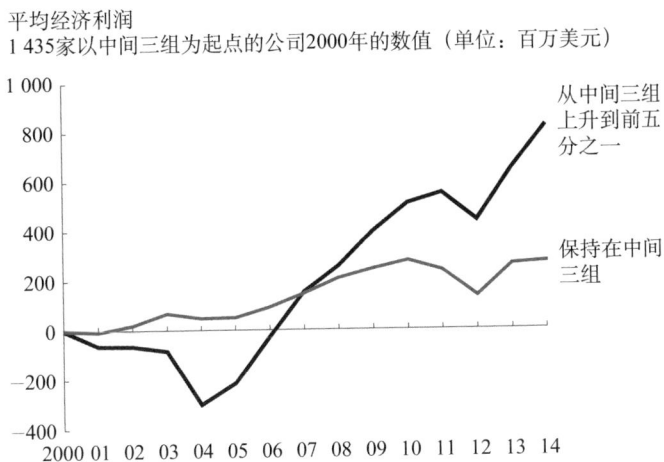

资料来源：McKinsey Corporate Performance Analytics™

后依然如此。黑线起初几乎在同一个地方，但用了 10 年时间跻身前五分之一。黑线确实像一根曲棍球杆——前 4 年下滑，随后快速上升。

萨提亚·纳德拉(Satya Nadella)之所以担任微软 CEO，是因为他实现了真正的曲棍球杆效应。他在 2011 年获得提拔，负责经营微软的一项业务，其中包括了该公司的云服务。当时的云服务只在他负责的业务中占据很小的比例，而他负责的业务在整个公司算是中等规模。但纳德拉发现其中潜力巨大，于是把几乎所有的个人时间以及大量的个人资源都投入到云业务中。这项业务实现了快速增长，营收从几亿美元增加到几十亿美元，而纳德拉也在 2014 年初被任命为 CEO。

恩智浦半导体(NXP)原先是飞利浦的半导体部门，在 2006 年分拆到一家私募股权公司。考虑到该行业"赢家通吃"的特性，当时公司的最高层通过激进的方式重新分配了投资。恩智浦放弃了规模庞大且享有声望的领域，例如消耗大量资源的移动和数码芯片业务。与此同时，公司对身份认证和汽车芯片大举下注。他们选择的这些市场实现了曲棍球杆效应，使得公司市值在此后 10 年内实现了 5 倍增长。

● ● ●

真正的曲棍球杆计划的确存在。问题在于如何从众多似是而非的计划中找到为数不多的真正计划。我们面临的难题是，应该对每一个曲棍球杆计划都持怀疑态度，但通常还是需要一份这样的计划来实现在经济利润曲线中向上移动。

那么，究竟怎样才能在曲线中向上移动呢?

第 4 章

概率有多大?

战略讲究的是概率,而非必然。概率是可知的:10 年间,大约有 8% 位于经济利润曲线中间部分的企业能够跻身前五分之一。但究竟哪些企业能够做到这一点呢?

━━━旦你认识到战略的社会性所蕴含的危险,就需要一套新的范式。想想扑克和高尔夫。通常来说,一个游戏中涉及的技巧越多(如高尔夫),就越不需要考虑概率。如果与一名像伯纳德·兰格(Bernhard Langer)或罗里·麦克罗伊(Rory McIlroy)这样的世界级高尔夫球手比赛,我们肯定认为自己永远赢不了他们,甚至连一个洞都赢不了。而游戏中的运气成分(不确定性)越大,就越要考虑概率,比如扑克。打扑克时,我们不仅有机会赢世界级选手一把,例如曾经创下世界扑克锦标赛 14 次夺冠纪录的菲尔·赫尔姆斯(Phil Hellmuth),甚至偶尔还能在比赛中击败他,的确有人成功过。从长远来看,赫尔姆斯肯定能击败我们,并且别人多半会建议我们不要跟他较量,但从短期来看,我们确实有赢的机会。

请别误解我们的意思。商业显然是个技术活儿，包含着很多技巧。不能完全听天由命，还要努力获得所能利用的资产和人才。但也存在不确定性，而战略就是为了应对不确定性。

你所制定的目标要能够带来最大的胜算，在这一点上任何游戏和商业都是一样的，你需要采取这种思维方式。而不应单纯以成败论英雄。如果5家公司都有80％的成功概率，这表明通常有一家会失败。如果5家公司都有20％的成功概率，其中仍然有一家可能胜出。如果我们总的来看这10家公司，发现其中有5家成功，5家失败，那就不能以同样的方式看待每家公司。具备80％成功概率的战略显然更好，无论最终成功与否，都应该受到褒奖。

当然，风险也应该纳入概率讨论之中。如果你的胜算很小，但下注成本很低且潜在利益巨大，那或许仍是一项值得参与的投资。反之亦然。如果投资成本极高，但却极有可能见效甚微，那或许就是一个糟糕的想法。扑克选手把这种计算称作"底池概率"（pot odds）。如果下注100美元只有20％的机会让你可以获得200美元底池，那就放弃。其实这相当于你花100美元赚40美元——200美元的20％。但是，如果100美元让你有20％的机会赢得2 000美元的底池，那么你会每次都下注，因为这相当于你花100美元

"别去想成功概率了。如果搞砸了，我想知道
我们保住工作的概率有多大。"

赚了 400 美元——2 000 美元的 20%。所以,对概率的评估,包括竞争、市场、监管等因素,这些都需要纳入计算。

2015 年—2016 年,莱斯特城足球队在英超赛季的表现向我们证明,无论概率如何,一切皆有可能。这支球队早年在英超曾经属于第三梯队,后来不可思议地进入第二梯队,接着是第一梯队。然而,博彩经纪人仍然认为,想让该队夺取 2015 年—2016 年赛季的英超冠军,比"猫王"埃尔维斯·普雷斯利活到现在的概率还低。然而,莱斯特城最终真的夺冠了。[1]

尽管这个过程很有趣,很多人将莱斯特城队称作体育史上最大的黑马,但我们并不会把希望寄托于类似的特例上。我们应该始终假设自己会遵循惯例。

好吧:概率有多大?

可知的成功概率

我们列举了相关数据并由此发现:以最高水平计,你的成功概率如图 4-1 所示。这张图显示的是,以中间三组为起点的公司,10 年间在经济

图 4-1 概率有多大?

从中间跳到顶端的概率为 8%

公司百分比
总数=从中间三组开始的 1 435 家公司

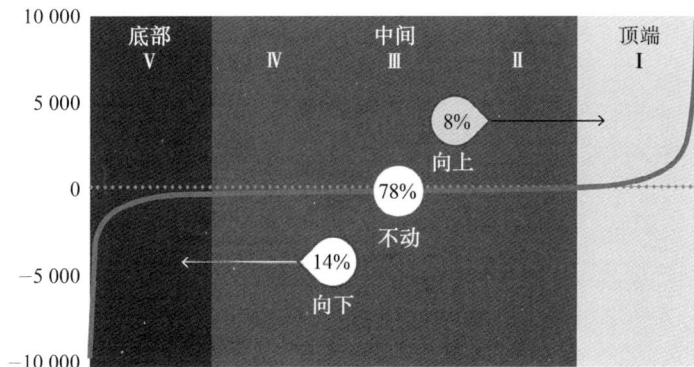

资料来源:McKinsey Corporate Performance Analytics™

利润曲线上移动的概率。

10年间,你从曲线的中间三组移动到前五分之一的概率为8%。

8%!

我们好好捋捋思路。仅有不到十分之一的公司可以在10年内实现这个目标。而在10年前的战略办公室里,你可以想象有多少公司为实现这样的业绩提升进行筹划。有的可能已经确信他们一定可以成功。多数计划可能都会获得批准。

但真正成功的还不到十分之一。哇,概率太低了!

图4-2采用了另一种呈现方式。这个矩阵告诉你,不同起点的企业最终移动到不同位置的概率。你应该开始熟悉图表上的那个数字8了——它位于中间那一排的末尾,代表了你从中间三组开始,最终到达前五分之一的概率。

图4-2　移动性矩阵

你能到达的终点的概率取决于你的起点

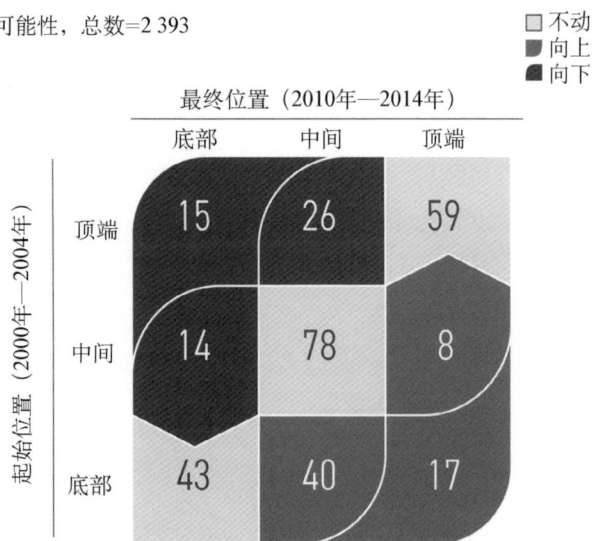

资料来源:McKinsey Corporate Performance Analytics™

接下来再看浅灰色的对角线 43—78—59，这显示了整个过程中位置不变的概率。结果表明，整个曲线都很有黏性；任何公司想要实现移动都很困难。在中间部分的公司中，有 78％在 10 年之后位置不变，后五分之一的公司原地踏步的比例则达到 43％。

再来看最顶端的一排：这些公司起初位于顶部。它们有 59％的概率在 10 年后仍然保持现在的位置。不错。但这意味着你有 41％的概率沿着经济利润曲线向下移动，而跌至后五分之一的概率为 15％。[2]

现在，很多公司只会在中间三组的范围内移动。通过努力来不断保持和提升业绩是非常重要的，通过稳步提升自己在曲线上的位置，企业可以为股东创造丰厚的回报。不过，考虑到曲线本身不是线性的，巨大的跨越可以带来指数级的提升。

各个业务部门在曲线中上下移动的概率基本与企业一致。当企业在曲线中大幅向上移动时，多半是因为旗下的一项或最多两项业务实现了曲棍球杆效应。我们找出了 101 家至少在曲线中向上移动了一个五分位的企业，获得了它们业务部门层面的数据。结果发现，有三分之二的公司只有一个业务部门实现了业绩提升。

思考一下。如果你下面有 10 项业务，可能只有一项会在未来 10 年内实现曲棍球杆效应。准确识别出这项业务并为其提供所需的全部资源，最有可能决定一家公司整体能否在经济利润曲线中大幅上升。找到这"十分之一"很有必要，如果能够认识到这一点，将对你经营一家多元化企业的方式产生巨大影响。

想要制定一项能够让企业有机会在经济利润曲线中向上移动的计划，最重要的一点是，你需要在众多业务中选择正确的支持对象。它们实现真正提升的概率为十分之一，而你可能只需要从中正确地选出一两项即可。

向上移动的"航线"

还记得我们之前针对星巴克和沃尔玛进行的讨论吗？正如企业会通过截然不同的组合获取经济利润一样,企业在经济利润曲线上的移动也源自不同的"航线",即长期的资本回报率和增长业绩组合。

当企业在经济利润曲线中上下大幅移动时,这些航线就很壮观。从海平面开始(2000年—2004年,中间部分的企业每年的平均初始经济利润为1 100万美元),移动到顶部之后,平均会多产生6.28亿美元的年度经济利润,对应8.9个百分比的资本回报率。几乎一年增加一个点。

上升的飞得高,下滑的摔得也很惨：向下移动的企业年度经济利润平均损失4.21亿美元,资本回报率减少4.5个百分点。

"他总是犹豫不决,从不积极主动。"

有的航线比其他航线更有可能助你高飞。图4-3显示了相对于中间位公司,你公司的业绩表现会带来什么结果。

- 如果你在增长和资本回报率上都表现不佳,那就几乎没有机会起飞了。事实上,你有27%的概率从中间三组滑落到后五分之一。

- 高增长加上低于中等的资本回报率提升水平,可以为你提供很小的上升机会,但无法大幅降低下行风险。

图 4-3　概率 vs 业绩概况

资本回报率和增长是最好的组合

中间三组公司的概率，总数＝1 435

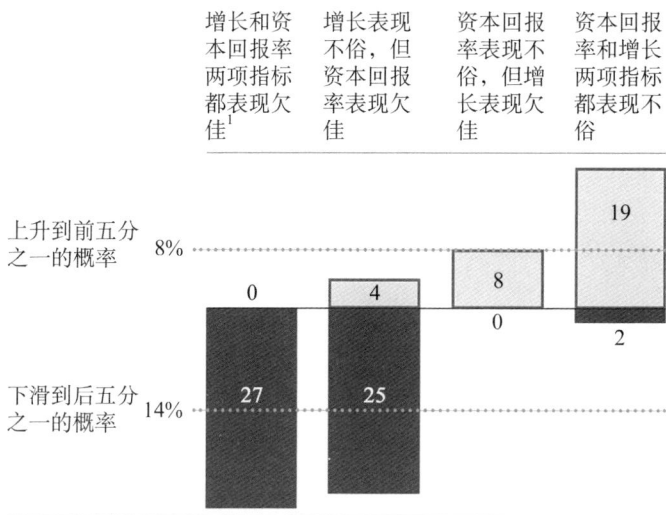

	增长和资本回报率两项指标都表现欠佳[1]	增长表现不俗，但资本回报率表现欠佳	资本回报率表现不俗，但增长表现欠佳	资本回报率和增长两项指标都表现不俗

上升到前五分之一的概率　8%

下滑到后五分之一的概率　14%

	0	4	8	19
			0	2
	27	25		

1　相对于样本中位数

资料来源：McKinsey Corporate Performance Analytics™

- 一份只着眼于业绩的战略重点关注了资本回报率的提升，但并没有带来高于中等水平的增长，这显然是在"求稳"。你几乎不可能向下移动，但向上移动到前五分之一的可能性只能达到样本的平均概率，也就是 8%。

- 而当增长和资本回报率能够相互呼应时，奇迹就会发生。如果这两大杠杆都表现优异，企业向上移动的概率就能大幅增加到 19%。这种规模收益的递增看上去很重要，每一点增长都能让企业变得更大更强。基于普通的可分享的知识产权构建的资产、具备网络效应或平台效应的资产、具备较高固定成本且能带来巨大规模经济的资产，其规模收益往往都会不断递增。

这些数据对你有何意义？如果你的曲棍球杆计划没有同时考虑增长率和资本回报率提升，你或许就应该更深入地思考一下你的计划。跻身前五分之一的难度会超乎你的想象，而通往顶端的航线也凸显出了这一挑战。

三家企业的故事

接下来看看这三家企业的情况，它们可以帮助我们了解企业所能采取的不同航线——如图 4-4 所示。

图 4-4 三家公司的故事

PCC、DNP 和 UNFI 起点相似，但终点却截然不同

平均每家公司的年度经济利润
百万美元

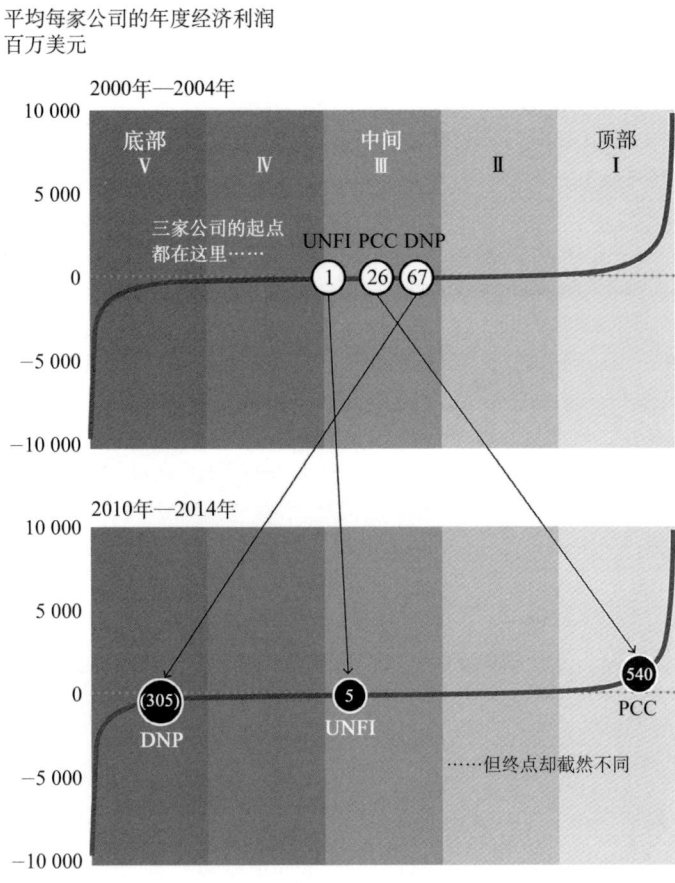

资料来源：McKinsey Corporate Performance Analytics™

PCC是美国的一家精密飞机零部件制造商(顺便说一下,它过去几年归沃伦·巴菲特的伯克希尔-哈撒韦公司所有)。UNFI是美国一家天然有机特色食品及相关产品的分销商。DNP则是日本一家领先的报纸出版商。

我们选择这三家公司,是因为它们在2000年—2004年期间都是身处经济利润曲线中间部分的"邻居",但后来的发展却大相径庭,PCC向上移动,UNFI原地不动,DNP出现下滑。

PCC实现了真正的曲棍球杆效应,直接跻身前五分之一,其股东回报总额的复合年增长率达到27%。公司通过四大举措对一个发展顺利的行业加倍下注——航天和国防。UNFI在曲线的中间位置原地不动,公司集中精力提高生产力,以此抵消行业不利趋势的影响。DNP滑落到后五分之一,因为它选择通过资本支出和并购大举投资一个遭遇强劲阻力的行业——从那时开始,印刷业就不断受到数字媒体的冲击。

可以从很多角度来分析这种现象背后的原因,我们今后也会对其中的一些企业进行回访。但几乎可以肯定的是,2001年,在每一家公司的战略办公室里,领导者们都在计划向曲线顶端移动。他们都在审批曲棍球杆计划。

这三家都是好公司。在整个经济利润曲线上,所有人都面临着业绩压力,他们的期望很高,也都在为更美好的未来努力奋斗。然而,就像PCC、UNFI和DNP的案例一样,并非所有人都能梦想成真。更重要的是,并非所有人都有同样的机会实现目标。事实恰恰相反。

看看图4-5。我们确实有点跳跃,但请暂且相信我们。试想一下,你有一个模型,可以将一家公司可量化的属性转化成调整后的(或有条件的)概率,用以显示其成功概率。我们已经这么做了!根据我们的模型输出结果,即使平均数是8%,中间三组的公司进入前五分之一的概率也不仅各不相同,而且实际差异十分巨大。正如我们所列举的三家公司命运迥异一样,中间三组的公司起初的成功概率差异很大,而结果也印证了这些概率。

图 4-5　概率范围很广

他们本来可以知道

根据我们的模型计算出的从中间移动到顶端的百分比概率
总数=1 435家以中间三组为起点的公司，按照顺序排列

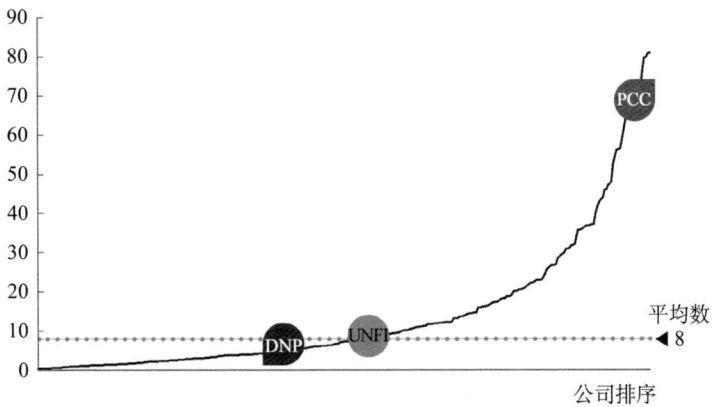

资料来源：McKinsey Corporate Performance Analytics™

　　这是不是很有趣？虽然平均概率只有 8%，但每家企业的具体概率却大不相同，最低接近于 0，最高则超过 80%。

　　如果每家公司在经济利润曲线中向顶端攀升的概率如此不同，那么显然，CEO、管理人员和投资者们面临的问题就是：这些概率只能事后计算吗？能否提前知晓？

　　接下来我们会用很大篇幅探讨这个问题，以及企业领导者能够通过哪些措施来改变其概率。不过，还是先从一个简单的问题开始吧：在讨论计划的过程中，成功概率为什么没有出现在战略办公室里？

战略办公室里的概率哪儿去了？

　　战略办公室里的对话通常与我们一家消费品客户的情形相似。该公司的原有营收为 180 亿美元，希望在此基础上实现两位数的增长。公司做了

大量规划，期望似乎也很合理。但真正的成功概率并未提交到战略办公室。这项计划是基于内部视角制定的，采用了从各个业务部门自下而上汇总的估算数据。

但一项直截了当的研究促使公司重新考虑。公开信息显示，在与该公司处在相同营收区间的同行中，只有 10% 在 10 年间实现了持续的两位数增长。[3] 于是，问题变成了：他们的战略真的好于 90% 的同行吗？果真如此吗？是什么让他们脱颖而出？要知道，过去 5 年里该公司的增长率为 5%，仅处于行业的中位数水平。

说实话，在战略办公室里提真正的成功概率并不太受管理团队的欢迎，但他们确实用一些重要的方式重新调整了对话。一位高管表示："我们不知道价值创造计划居然只集中于这么少的几个领域。"

"想打赌没人敢提概率？"

虽然在经济利润曲线上移动的统计数据简单明了，但战略办公室里却很少讨论概率问题。前五分之一的公司往往认为他们天生属于那里。毕竟，他们为此付出了努力并形成了引人注目的竞争优势。他们为什么不能成为常胜将军？同样地，中间三组的公司往往认为可以向上移动。他们也有可能掉到后五分之一的行列，但是，何苦要考虑这种可能性呢？

我们总共见过数百份战略规划，从中观察到这样一个现象：在制定战略计划时，曲线顶端的企业谈及下滑趋势的频率远远低于我们在本书中统计的实际数据。有的计划的确提出了下滑的可能性，但比例远远不及我们在现实中观察到的 40% 左右。

概率让人们清楚地认识到风险，损失厌恶便随之出现。直面风险会让人们风声鹤唳，即使是在我们希望他们承担更多风险的时候。这就会出现问题。

争取确定性

在战略办公室里，人们往往会争取确定性，而不是概率。人们一开始往往会提出很多想法，然后通过测试来进行筛选。一旦出现一些清晰的假设，他们就会对其进行测试和提炼以降低不确定性。这种做法并不是总能成功，否则也不会出现"毛茸背"了，但我们肯定会进行尝试。强迫自己从概率的角度予以思考有悖于人们追求确定性的意愿，也不符合目前形成的一种共识——当我们离开战略办公室的时候都会达成统一的计划，做好执行的准备。

一位意大利的 CEO 曾经对我们说："我应付不来多重现实。"在被迫考虑许多可能的未来场景时，他说，"我更愿意选择我们身处的这个世界。"告诉人们"你干这个，你干那个"比生活在不确定的概率世界里容易得多。考虑概率因素之后，KPI 就更加难以确定。

电子表格也不是为概率和区间设计的，而是为具体数字设计的，所以很难处理这种情况：某个值有 75% 的概率处在 X 和 Y 之间——乘以公司预算中的成千上万个单元格。美国总统哈里·杜鲁门有一句名言：他想要一个只有一只手的经济学家，才不会说"一方面是这样，另一方面是那样"。

当战略办公室里的人们想要结束讨论时，你或许会听到类似的观点："生活不是场景。做个决定吧。""向左还是向右，请决定。""概率？我不关心你在你的办公室里干什么，但在这里，请把你的想法告诉我们。"

偏袒也会出现，这同样与概率不合。一旦我们决定不在分配资源时采用"抹花生酱"方法，转而支持那些最有前景的业务部门，那就不仅选出了赢家，同时也选出了输家。但没有人喜欢输。我们都知道人们会奋力保护自己的资源，我们也都倾向于保护自己的朋友、对自己忠诚的人，或者同时具备这两种特质的人。

"……第三只小猪想建一个让狼进不来的砖房。但另外两只小猪觉得这样做会消耗它们的预算，所以阻止了他。后来，这三只小猪都被狼吃了。"

引入概率会导致业绩评估变得极其复杂。这种情形就像 FBI 的办公室听说一个团伙要抢劫三家银行中的一家。于是办公室的负责人派遣几支小分队前往这三家银行捉拿劫匪。显然，只有一支小分队能抓住劫匪，但整个部门都应该得到表彰和奖赏。我们知道，多数时候，只有在正确的时间待在正确的地方的人才有机会成为英雄，获得赞誉和奖励。

"你的数字代表你"

一位美式橄榄球教练比尔·帕塞尔斯（Bill Parcells）用一句话很好地阐明了这个道理："一切用成绩说话。"[4] 换句话说：别再宣扬精神胜利，别再抱怨受伤，也别再安慰球迷说我们会取得更好的成绩。

即使你能让你的管理团队从概率的角度来思考问题，等到年底进行绩效评估时,这些概率也有可能被人遗忘。一切都得看业绩。

皮克斯的艾德·卡姆尔(Ed Catmull)曾经认真考虑过如何让"虽败犹荣"成为可能。他把一些项目贴上"实验"的标签,不举行盛大的发布会,以此来鼓励人们尝试风险更大的想法。他还资助了一些被人视为"不可能"的想法,这样一来,失败就不会影响人们的名声。但他也承认:"我们必须格外努力,这样即使失败也会安全一些。"[5]

如果你要使用概率,还必须能够进行精确的校准——这是一个非常艰巨的任务。各个业务部门的负责人都希望获得"P90 计划"(即拥有 90％成功概率的计划),但该计划在 CEO 眼中只是 P50,仅有 50％的成功概率。结果往往是无声的妥协:设置延伸目标,但要附带基线预算,如果达到基线目标就要支付第一级的绩效奖金。换句话说,CEO 获得了延伸目标,但高管团队也会获得一些几乎总能达成的更软性的目标。问题是,该公司最终可能不会推进具有恰当雄心的项目,也就不会为其提供相应的资源以在经济利润曲线上实现有意义的向上移动。

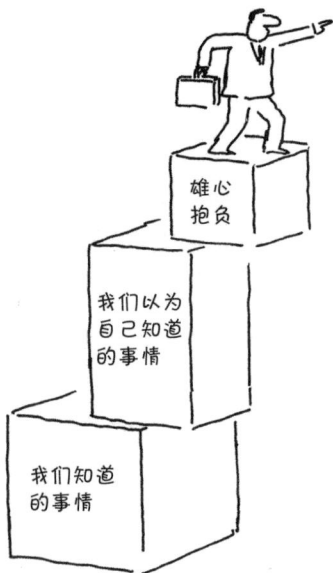

　　CEO 需要知道真正的概率，并且相应地调整目标和薪酬。年初设定合适的目标很难，年底明确因果关系也很难，你的身后尘土飞扬，很难从后视镜里看清走过的路。成功究竟是源于管理层的决策和出色的执行力，还是竞争对手的错误和有利的市场？出现问题是因为糟糕的天气扼杀了重要购买季的需求，还是管理者误判了客户？我们都知道管理者会如何回答这两个问题……

　　董事会有可能做出正确的决定，2005 年就有这样一个突出的案例：康宁公司(Corning Inc)的董事会任命魏文德(Wendell Weeks)为 CEO。尽管魏文德领导的光纤业务在 2001 年的互联网泡沫破灭期几乎把康宁推到了崩溃的边缘，但董事会依然做出了这一决定。他们准确地把 2001 年的问题归咎于不断恶化的市场环境，而非管理层的表现。几年后，魏文德成为美国最受尊敬的企业领导者之一，带领康宁成为全球液晶显示器玻璃领域的头号企业，而且还在"大猩猩科技"的帮助下，坐上了智能手机保护玻璃领域的头把交椅。

　　你可以根据自己的经验来判断，但令我们感到沮丧的是，从董事会和 CEO 准确判断业绩归因的角度来看，康宁董事会的这种明确判断或许只是一个例外，而非常态。

● ● ●

　　那么，我们现在处在什么位置？

　　在本章中，我们第一次让你一窥战略的概率，即一家公司在经济利润曲线中向上或向下移动的概率，并让你了解到每家公司的具体概率存在着巨大差异。我们也看到，应对概率问题是企业领导者的一大挑战，但不恰当地应对这些问题，也是人性游戏得以展开的原因之一。

　　现在，在经济利润曲线中向上移动的"平均"概率已经呈现在战略办公室里，接下来的问题很明确：你所在的公司成功的概率有多大？你可以通过哪些行动提升概率？如何才能改变自己击败市场的概率？

　　我们告诉客户，如果一项计划确实有机会实现真正的曲棍球杆效应，让企业从经济利润曲线的中间移动到顶端，那就应该有一项在竞争中脱颖而出的神奇元素。我们开玩笑说：如果想要相信一项计划真的能实现曲棍球杆效应，"你就得能够通过视频电话会议嗅到这种特殊的味道。"在下一章，我们将开始详细阐述如何找到这样的计划。

"我知道我们需要干什么，但我还是忍不住要跷二郎腿。"

第 5 章

如何找到真正的曲棍球杆计划

想要改变战略的成功概率,可以利用自己的优势,把握正确的趋势,最重要的是,可以采取一些重大举措。

对于如何制定成功的战略,几十年来一直都不缺乏相关的建议。但你似乎仍会面临同样的困扰:如何才能区分战略的好坏? 如何让团队齐心协力? 如何执行重大的战略决策? 我们之前有一位董事总经理曾写过一篇论文[1],指出组织在进行资源再分配时存在惯性,而且缺乏灵活性。那可是 1973 年的论文! 为什么直到现在我们还面临着同样的难题?

这次有什么不同？

你的书架上可能塞满了各种各样讲述战略的书籍，但这些书几乎都有一个通病：经不起检验。如果一条建议只有趣闻轶事可供佐证，或者只是基于案例研究，我们如何才能知道它是否有效？根本没有任何方式来量化或检验这些想法，正因为如此，才有大量优秀的公司在那么短的时间内土崩瓦解。[2]

如果你看看在管理者的书架上出现频率最高的三本书——《追求卓越》（*In Search of Excellence*）(1982)、《基业长青》（*Built to Last*）(1994)和《从优秀到伟大》（*Good to Great*）(2001)，就会发现它们使用了同样的方法来总结战略方面的经验教训。它们收录了"伟大""卓越"或"经久不衰"的企业，并且试图推断出这种伟大、卓越和经久不衰背后的公式。这样做的假设是，通过模仿这些公司的做法，你就可以实现与之类似的成就。[3]这些肯定都是好书——1 000多万读者不可能有错，而且其中列举的企业都很了不起。然而，再看看里面提到的50家企业在之后几十年的表现吧。如果你在这些书出版的时候建立一个股票组合并持有它们，收益率可以跑赢市场指数的1.7%。还不错。《从优秀到伟大》排名第一，跑赢市场2.6%，其次是《基业长青》，跑赢1.6%，《追求卓越》跑赢1.5%。但从单个公司的表现来看，这50家公司的股价跑赢市场的概率只有52%，并不比抛硬币更好，而且大幅跑输市场的比例远高于大幅跑赢的——仅有8家公司跑赢市场5%以上，而跑输市场5%以上的公司有16家。

这些书开出的"药方"的确言之有理，但表述却有些含糊，或者太局限于具体哪家公司，而且很难把可以获胜的想法与不那么重要的想法区分开来。例如，《从优秀到伟大》认为CEO必须成为第五级领导者。其中一项标准是，领导者必须选择一个同为第五级领导者的继承人。被誉为最佳领导者典范的杰克·韦尔奇就做出了卓越的选择，在2000年任命杰夫·伊梅尔特

(Jeff Immelt)接替他出任通用电气 CEO。不幸的是,在韦尔奇的领导下,通用电气已经变成了一家金融公司,在 2008 年的金融危机中变得极其脆弱。虽然伊梅尔特重组了通用电气,还剥离了容易出现风险的部门,但通用电气的股价还是在伊梅尔特的 16 年任期内跑输市场。一个公认的第五级领导者选择了另一个公认的第五级领导者,然而,该公司的股价仍然跑输市场。就算是世界级的第五级领导者也会被环境击倒。在这个案例中,环境是金融危机。

"就是在这里,我们决定忽略所有造成困扰的数据。"

很多关于战略的想法都提供了一面回顾历史的镜子,帮助我们理解某件事情失败或成功的原因,但真正重要的是找到一种方法来窥见未来,而非回顾过去。知道昨天的彩票中奖号码根本无济于事。

检验事实

正因为如此,我们才强调要使用可以检验的深度数据。我们根据世界各地数千家企业的公开数据检验了很多假设。这帮助我们找到了那些真正影响企业业绩的重要因素。我们回测了这些数据,验证了我们的模型在预测战略成功率方面惊人的准确率。过去 4 年里,我们在世界各地的工作中应用了这种分析,发现它的确能够促成更好的战略对话。

与标准的内部视角采用的数据不同,我们的研究所参考的数据具有多样性,取自大量的样本,重点关注概率,并且通过自上而下的方式进行校准,因此可以有效排除人性面因素带来的干扰。

我们已经解释了实证研究是如何给出平均概率的,但是现在要根据企业的具体属性来估算某家公司的具体概率。这样就得到了一种方式,让你可以在概率世界里调整战略,相当于为战略设定了一张积分表或一个基准。了解了哪些属性最为重要,现在我们就可以提前对一家公司的战略质量进行预测了。

当然,战略的人性面不会自行消失,但以不同方式来计分可以帮助你改变对话。

真正重要的概率:你自己的概率

我们已经指出,从经济利润曲线中间移动到顶端的成功概率为8%。但除非你是理论上的平均数公司,否则8%对你没有太大帮助。事实上,你更愿意知道自己的公司和战略在经济利润曲线中向上移动的概率。我们可以向其中增加一些属性来做到这一点,就像托马斯·贝叶斯(Thomas Bayes)帮助我们理解条件概率那样:[4]我们越了解一家企业,对其成功概率的估算就越精确。

可以做个简单的类比:如果我们只知道对方是一个人,那么估算他或她的年收入时,最好就是使用全球平均数,大约每年1.5万美元。如果再增加一些信息,例如这是一个美国人,那么我们的估算就会变成美国的人均收入,约5.6万美元。如果再增加一条信息,知道对方是一名美国男性,55岁,那么估算值就会变成6.45万美元。如果他来自IT行业,那估算值就增加到8.6万美元,而如果我们知道他是比尔·盖茨,那就远高于这个数字。

我们在评估企业的成功概率时也会采取这种方法。为了阐述这一理念,先来看看上一章提到的在经济利润曲线中处于相同起点的几家公司。根据平均概率,他们都有 8% 的可能上升到前五分之一,但事实上,他们的命运可能各不相同。他们能否提前知晓自己的命运呢? 确实可以。

当我们对这些公司建模时,发现大日本印刷公司(DNP)有 69% 的概率滑落到后五分之一,而它确实滑落了。UNFI 有 87% 的概率保持在中间部分,事实也的确如此。PCC 有 76% 的概率上升到曲线顶端,事实上该公司也确实做到了。

当然概率并非命中注定。如果 4 家公司有 76% 的概率跻身前五分之一,仍然意味着当中有一家无法得偿所愿。面对这种情况,我们也无可奈何。但 76% 的概率与 8% 的平均概率差异很大,可以让企业更有信心来支持一项战略。而很多企业给自己的发展机会非常渺茫,他们最好还是在走进死胡同之前知道这一点。如果你是那个拥有 76% 成功概率但却未能最终成功的人,那么知道自己做了正确的事情,没有因此被吓住以致不敢再次大举下注,也是非常重要的。

即使你知道自己的整体概率,也需要明白哪些特质和举措对你的成功最为关键。这种认识可以指引你制定决策,让你知道应该在哪方面努力,以便公司获得在经济利润曲线中上升的最高概率。

"我知道在经济利润曲线中向上移动很困难。但别忘了,我有 30 年坐公交车上下班的经验了。"

《经济学人》[5] 曾经发表过一篇有趣的文章《如何制作卖座电影》(How to make a hit film)。里面阐述了一个有趣的观点:我们不光能预测成功概

率,还能知道哪些因素可以提升概率(请参阅图5-1):

图5-1 如何制作卖座电影

超级英雄,超级票房

好莱坞电影，美国和加拿大票房收入，1996年—2015年，
圆点大小代表明星人气[1]
百万美元

● 原创
● 续集
○ 超级英雄
◐ 超级英雄续集

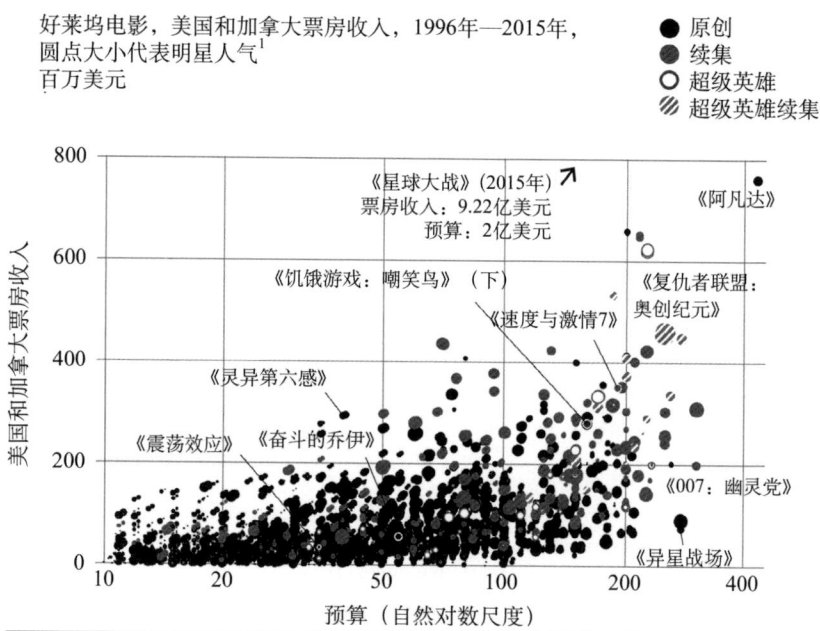

1 一线演员拍摄的非续集电影过去5年的票房收入
资料来源：The Numbers;《经济学人》

　　1983年,在提到如何预测哪部电影能在票房上取得成功时,编剧威廉·高德曼(William Goldman)说:"无人知晓。"这从此成为好莱坞的一句名言。

　　为了了解这句话现在还有多大效力,我们分析了1995年以来在美国和加拿大发行的2 000多部预算超过1 000万美元的电影的票房数据,希望看到哪些因素有助于制造一部卖座电影……

　　我们的分析得出了一个能够最大限度吸引观众的公式。首先,创作一部儿童喜欢的超级英雄片,要有很多动作场面,还要留有悬念,以

便将其打造成一部系列影片。其次,设定引人注目的预算,但不要鲁莽地抬高到 8 500 万美元。说服一家大型电影公司在夏季集中发行该片(这一时段上映的影片比其他时段的票房平均高出 1 500 万美元)。最后,找两个有实力但票房号召力一般的主演,他们的片酬不会太高。辅以影评人和观众的合理评论,你的影片大约就能在美国获得 1.25 亿美元的票房。但这只能赚钱,赚不来口碑:这种影片获得奥斯卡最佳影片奖的概率只有五百分之一。

从票房回到你自己的战略办公室:优秀的战略都有哪些相似的属性?

10 个重要变量

我们此次选取了 2 393 家大型企业的业绩数据,时间跨度达到 15 年,涵盖 127 个行业领域,横跨 62 个国家或地区。结果发现,10 大杠杆最能决定你的成功概率。我们研究了 40 个变量,发现其中的 10 个至关重要。在用模型对这 2 393 家企业进行回测时(我们有足够的信息将它们放在经济利润曲线的相应位置),我们发现,在预测企业 10 年间在经济利润曲线上的移动时,按照它们在 10 年后是处于顶端、中间还是底部做出的预测,其准确率达到了 86%。

这 10 个绩效杠杆大概都不会令你太过意外,它们其实都已经出现在你的主题列表中。但是在完成实证工作之后,我们才对其有了真正的了解,在此之前,一直都不清楚这些变量的重要性以及需要在这些方面采取何种行动才能产生真正的影响。我们的研究还表明,有些事情并不像你想象得那么重要,并不会对企业在经济利润曲线上的移动产生重大影响。被舍弃的变量包括过去的营收增长、行业或地域多元化的提升或降低。

正如我们之前所指出的,这并非另一套框架,但为了便于使用,我们决定将这 10 个杠杆分为 3 类:优势、趋势和举措。一旦你得到了这些杠杆,就能更好地理解并提前知晓自己真正的成功概率,也可以针对战略和执行采取相关措施。优势是你的起点。趋势就像风一样,既能让你乘风破浪,也能让你逆风而行,还可能会从侧面对你猛击。举措是你采取的措施。优势、趋势和举措就像战略的三原色。现在,你只要把它们适当地组合起来即可。

我们会详细介绍这 10 个决定你成功概率的变量。但我们需要先解释一下它们的作用,这样一来,本书的剩余章节就会简单得多。首先,它们都是相对于样本中的其他公司来衡量的,也就是说,关键不在于你有多聪明,而在于你比其他参加测试的孩子聪明多少。如果他们完成了所有家庭作业,你也应该完成,而且还应该做得更多。其次,想要获得提升,就必须超过上限阈值,我们会向你指出这些阈值在哪里。这是一种二进制,与经济利润曲线本身非常相似。多得一分似乎影响不大,你应该努力晋级。向下移动同样如此。没错,当你低于阈值下限时,一个糟糕的得分也会把你拖累下去。好的,现在可以启程了。

优势

当企业考虑自己的起点时,往往会看损益表或市场份额,但最能决定你优势的 3 个变量其实是: 起始营收(规模)、债务水平(杠杆)和过去的研发投资(创新)。

(1) **企业规模。**企业越大,就越有可能提高自己在经济利润曲线中的位置。这似乎对规模较小的企业不公平,也与我们看到的创业公司的成功故事不符,但从经济利润曲线的范畴来讲,规模的确可以从绝对值上放大业绩提升的影响。我们的研究发现,要在这个变量上获得重大优势,公司的总营收需要进入前五分之一。在今天,这意味着年营收大约要超过 75 亿美元。不过,如果你没有达到这个水平也没关系。这只是意味着,从你目前在经济利润曲线中上升的概率来看,你无法获得规模上的优势。我们可以通过一组数据来说明这个门槛提高得有多快: 10 年前,33 亿美元的年营收即可进入规模最大的前五分之一。

（2）**债务水平**。你当前资产负债表中的杠杆率数值与在经济利润曲线中向上移动的概率负相关。负债越少，就越有机会向上移动。借债能力显示了你通过投资把握增长机会的空间。这里的关键在于，你的债务股本比率要足够有利，使你能够进入所在行业的前40％。

（3）**以往的研发投资**。这显示了你已经投资以及可能必须进行投资的领域。按照研发费用与营收的比例计算，你需要处在行业的前二分之一，才能大幅提升在经济利润曲线中向上移动的概率。很多人对公司研发部门所实现的投资回报表示质疑，对他们来说，看到研发投入能取得回报，或许会带来一些安慰。

趋势

趋势方面的两个关键指标是行业趋势以及在增长地域的曝光率。如果你的行业在行业经济利润曲线中向上移动，你也有可能顺风顺水。如果你在一个处于增长之中的地域经营业务，你也会因此获益，但身处正确的国家或地区并不像身处一个向上发展的行业那么重要。

（1）**行业趋势**。你所在行业的趋势是10大杠杆中最重要的一个。如果你要适应行业的发展，需要在10年时间内至少在行业经济利润曲线中向上移动一个五分位。我们使用的指标是行业内所有公司的平均经济利润增长率。这就像水涨船高一样。

（2）**地域趋势**。这里的关键是要处于那些名义GDP增长排名前40％的市场之中。对于涉足一个以上地域的企业来说（数据库中的2 393家企业多数都是这样），应该根据你从每个地域获得的营收比例来计算公司整体的GDP增长率。很明显，处于增长较快的市场可以带来收益（但同样有趣的是，在很多关于长期战略的讨论中，整体的宏观环境只是一个脚注）。

举措

根据曲棍球杆效应,很多计划都要求营收增长与 GDP 增长相当,或者比 GDP 增长高出两个百分点。事实上,这种方式能够让我们在 10 年时间内从经济利润曲线的中间三组上升到前五分之一。但请记住,只有很少一部分曲棍球杆效应的预测能够实现。其他公司也在追求类似的战略,而市场竞争会通过降低价格和增加服务来压制这种提升。客户会从中获益,但你最终只得到了"毛茸背"。

我们的研究发现,人们一直探讨的五种举措有助于你实现目标,而它们组合在一起的效果最好。我们会在后面进行具体分析。现在介绍的是我们发现的五项重要举措:

(1) **务实的并购**。这一项令人意外,因为人们以为,研究表明多数并购交易是失败的(这其实是错的),而且他们也反对赌注型交易(这是对的)。成功的关键指标是"务实的并购",这是一系列连贯的交易,每笔交易的成本都不超过公司市值的 30%,但 10 年时间里却可以为你增加至少 30% 的市值。

（2）**动态配置资源**。我们的研究发现,当以健康的状态重新分配资本支出的时候,也就是为能够实现爆发式增长且在经济利润曲线中实现大幅上升的部门提供资源,同时对那些起色不大的部门减少资源供给,企业更有可能成功。这里的基准线是在 10 年内把至少 50％的资本支出重新分配给相关业务。

（3）**加强资本支出**。如果公司的资本支出占营收的比例处于所在行业的前 20％,你就达到了这个杠杆的标准。这通常意味着达到行业中间值的 1.7 倍。这可绝对不是一个小数字。

（4）**生产力改进**。大家都在努力降低自己的成本,包括削减日常开支,提高劳动生产力。问题是,你提升生产力的速度能否始终比竞争对手快。我们的研究发现,提升速度至少要达到所在行业的前 30％。

（5）**差异化改进**。想要利用商业模式创新和定价优势来提升在经济利润曲线中向上移动的概率,你的总利润需要跻身所在行业的前 30％。这项指标可以判断一家公司能否因产品差异化和创新而实现可持续的成本优势或者收取溢价。

全都很重要

图 5-2 针对以中间三组为起点的企业概括了这 10 个杠杆(对于以前五分之一或后五分之一为起点的企业而言,变量是相同的,但价值有一些差异)。可以看看向上移动的概率在每个变量的不同阈值区域发生的变化,由此判断这些杠杆的相对重要性。例如,如果你的公司把握住一个行业大趋势(你所在的行业 10 年间在行业经济利润曲线中至少向上移动一个五分位),那么从中间上升到顶端的概率就是 24％。然而,只有位居中间三组前 20％的公司才能借势而上。但如果你像样本中 50％的公司一样处境不利,向上移动的概率就只有 4％。行业趋势处于中等水平的公司中,30％的公司有 10％的上升概率。我们将所有这些数据与中间分组企业 8％的综合概率进行对比。

图 5‑2　10 个变量的影响

你的得分会在 8% 的基本移动率的基础上，提高或降低你的成功概率

向上移动的概率百分比
总数= 1 435 家以中间三组为起点的公司，按照顺序排列

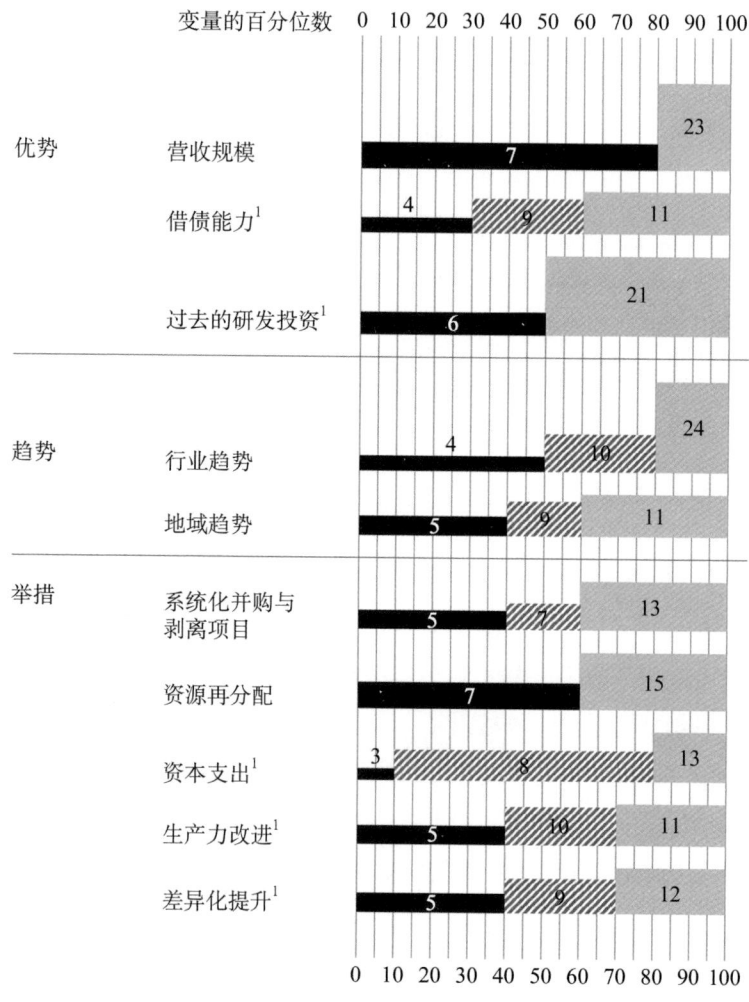

变量的百分位数　0　10　20　30　40　50　60　70　80　90　100

类别	变量			
优势	营收规模	7		23
	借债能力[1]	4	9	11
	过去的研发投资[1]	6		21
趋势	行业趋势	4	10	24
	地域趋势	5	9	11
举措	系统化并购与剥离项目	5	7	13
	资源再分配	7		15
	资本支出[1]	3	8	13
	生产力改进[1]	5	10	11
	差异化提升[1]	5	9	12

0　10　20　30　40　50　60　70　80　90　100

1　按照行业中位数正态化
资料来源：McKinesy Corporate Performance Analytics™

如果你觉得这太复杂或者太乏味,可以这样来总结:你越是处于这 10 个变量分布的右侧区域,成功的概率就越大。越是处于左侧区域,成功的概率就越小。我们为本书开发的模型比这还要复杂一些,因为需要加入不同的权重,还要考虑变量之间的相互作用,但复杂程度不会高出太多。你处在上升概率的阈值上方,还是下降概率的阈值下方?

别气馁。在样本中,60％处于中间三组的企业仅有两个或更少的变量达到了我们的阈值。

注解: 这些杠杆究竟能对你在经济利润曲线中移动的概率产生多大影响,取决于你的起点。如果公司处在经济利润曲线的顶端(或底部),这些统计数据就会差异很大,战略的方式也需要进行调整。更多信息请参考附录。

变化量表

PCC 的"变化量表"就是如此,我们在第 4 章里面提到的这家公司在经济利润曲线中成功实现了向上移动(见图 5 - 3)。圆圈显示的是 PCC 在这 10 个变量中分别所处的百分位。横条上的颜色表示单一变量达到多少,就会开始影响一家公司在经济利润曲线中向上或向下移动的概率,也就是阈值。如果一家公司的得分处在上部的阴影区域,向上移动的概率就会提高。如果一家公司的得分处在一个变量下部的阴影区域,概率就会降低。

可以看到,2004 年,PCC 的优势得分并不引人关注,这家公司拥有 60 年历史,专门为航空航天、电力和工业市场生产复杂金属元件和产品。营收和债务水平处于中间位置,而该公司并未对研发展开大举投资。从趋势上看,地域曝光率并不引人注目。但这 10 年间航空航天产业发展十分顺利,行业的助力相当大。

但最重要的是,PCC 采取了一些重大举措,将其跻身前五分之一的概率提升到了 76％。公司之所以能够做到这一点,是因为他们采取的 5 项举措中,有 4 项超过了高绩效阈值。在系统化并购与剥离资产方面,PCC 通过深思熟虑的定期交易项目,10 年间在航空航天和电力市场进行了大量高价值交易。他们循序渐进地进行交易,而不是操之过急企图一步到位。在我们的研究中,这十年中的最后两年 PCC 的行动最有代表性。2013 年,PCC 斥资 6 亿美元收购了航空航天流体配件制造商 Permaswage SAS,同时剥离了自己的 Primus Composites 业务。公司随后在 2014 年斥资 6.25 亿美元

图 5-3　PCC 的移动性仪表盘

5 个变量获得高分,提高了 PCC 向上移动的概率

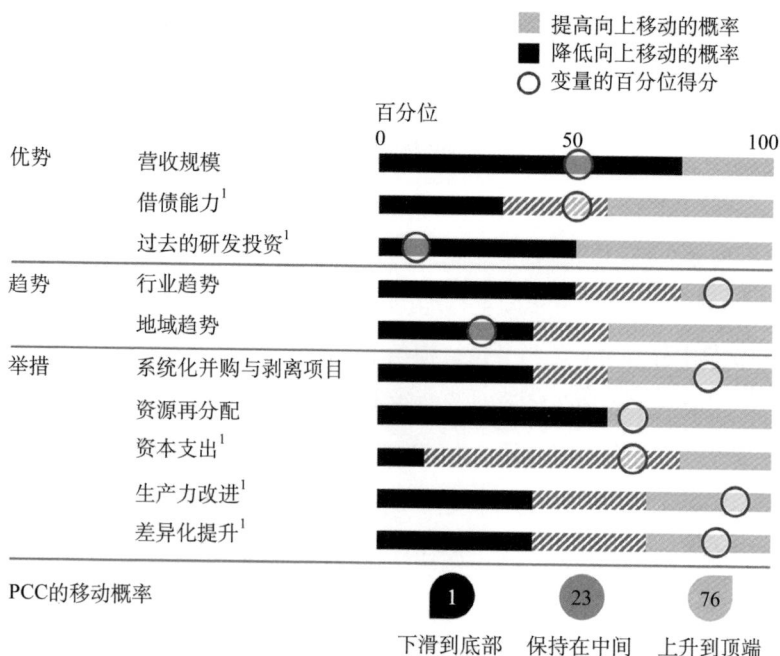

1　相对于行业

资料来源：McKinsey Corporate Performance Analytics™

(约占 PCC 市值的 2％)收购了高速加工中心运营商 Aerospace Dynamics。

此外,PCC 还将 61％的资本支出分配给 3 大主要部门,实现了生产力和利润的翻番,令人惊叹,这是我们的样本中唯一一家实现这一壮举的航空航天和国防企业。在劳动生产力几乎翻番的同时,PCC 还成功地将费用比率降低了 3％,总利润从 27％提升到 35％。

积极的行业趋势和多项举措的成功执行,使得 PCC 成为"高概率"战略的代表,或许这也正是伯克希尔-哈撒韦同意在 2015 年斥资 372 亿美元将其收购的原因。如图 5 - 4 所示,股东回报也很明显。

图 5 - 4　一个真实的曲棍球杆效应

五大举措中的四项帮助 PCC 上升到前五分之一

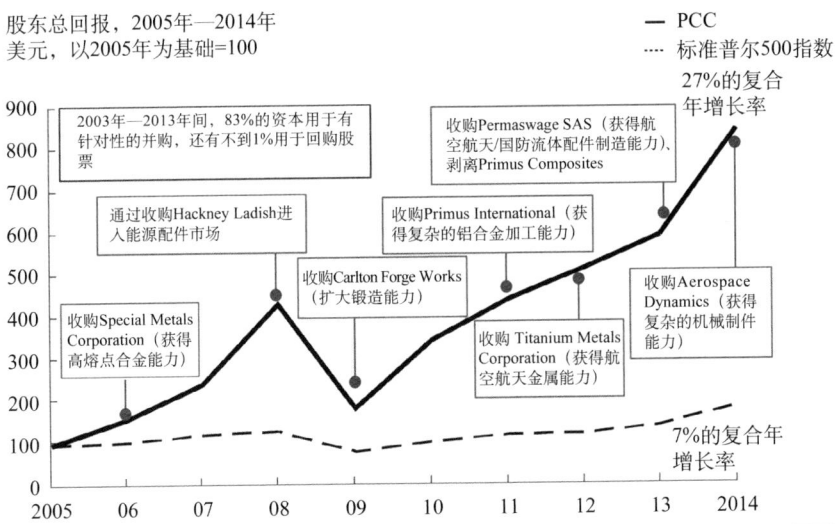

股东总回报,2005年—2014年
美元,以2005年为基础=100

—— PCC
···· 标准普尔500指数

27%的复合年增长率

2003年—2013年间,83%的资本用于有针对性的并购,还有不到1%用于回购股票

收购Permaswage SAS(获得航空航天/国防流体配件制造能力),剥离Primus Composites

通过收购Hackney Ladish进入能源配件市场

收购Primus International(获得复杂的铝合金加工能力)

收购Carlton Forge Works(扩大锻造能力)

收购Special Metals Corporation(获得高熔点合金能力)

收购 Titanium Metals Corporation(获得航空航天金属能力)

收购Aerospace Dynamics(获得复杂的机械制件能力)

7%的复合年增长率

资料来源:汤森路透 Eikon

与之相比,我们之前讨论的另外两家公司大日本印刷公司(DNP)和 UNFI 都面临行业和地域的不利状况,却无法采取足够的措施来有效应对(见图 5 - 5)。DNP 起初拥有不错的优势,但在 5 项可能的举措中只成功采

取了两项,所以我们的模型预计其下滑到后五分之一的概率为69%。事实也的确如此。UNFI只能突破一个属性的阈值,但在一个生产力至关重要的行业,其生产力的提升幅度却远远不够,以致我们的模型预计它有很高的概率留在中间部分。它也的确在原地踏步。

图5-5 变化量表越佳,概率就越高

PCC 显然拥有更好的量表

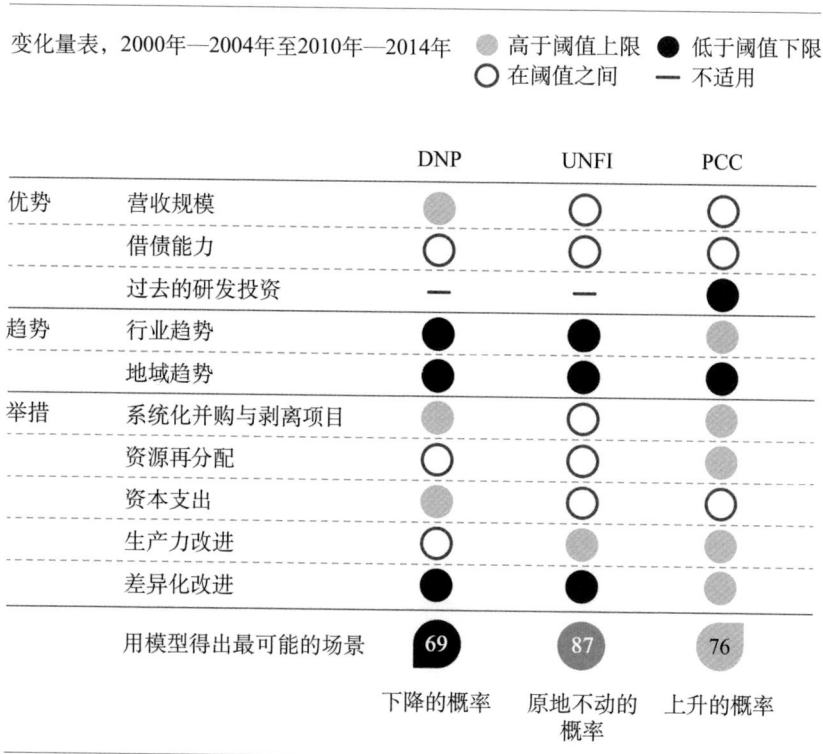

变化量表,2000年—2004年至2010年—2014年　　● 高于阈值上限　　● 低于阈值下限
　　　　　　　　　　　　　　　　　　　　　　○ 在阈值之间　　— 不适用

		DNP	UNFI	PCC
优势	营收规模	●	○	○
	借债能力	○	○	○
	过去的研发投资	—	—	●
趋势	行业趋势	●	●	●
	地域趋势	●	●	●
举措	系统化并购与剥离项目	●	○	○
	资源再分配	○	○	○
	资本支出	●	○	○
	生产力改进	○	●	●
	差异化改进	●	●	●
	用模型得出最可能的场景	**69**	**87**	**76**
		下降的概率	原地不动的概率	上升的概率

资料来源:McKinsey Strategy Practice and Corporate Performance Analytics™

　　需要说明的是,PCC在这10年间成为一家表现优异的公司,但我们并没有将其宣扬成一个伟大的案例。这种分析无法预测PCC在2015年之后的业绩。我们只是解释了它在之前10年的成功,并举例证明这种成功本来

是可以预测的,前提是我们知道企业的战略以及 2001 年—2004 年航空航天行业的趋势。

了解概率

在分析全球最大的 2 393 家企业在经济利润曲线中移动的概率时,我们发现,在所有决定性因素中,自身优势约占 30%,趋势约占 25%,采取的措施约占 45%。虽然行业趋势是这 10 个变量中最重要的一个,但把所有的战略举措结合起来,几乎可以解释企业在经济利润曲线中一半的变动。

电气设备制造商 ABB 和化学巨头巴斯夫(BASF)都拥有很强的实力,在我们研究的这 10 年间,利用自身优势从经济利润曲线的中间三组移动到前五分之一。在趋势方面,日本汽车制造商五十铃(ISUZU)得益于行业和地域两方面的有利趋势,从经济利润曲线的后五分之一跃升到前五分之一。在举措方面,我们已经看到 PCC 是如何利用 5 项杠杆中的 4 项移动到顶端的。

虽然我们分别分析了这些杠杆,但它们却是协同作用的。概率不是简单的加总,需要认真考虑我们在研究分析中发现的各种杠杆的综合影响力。针对 10 项杠杆采取的举措一般都比你想象的力度大得多,而关键在于,它们能否超过特定阈值,但这要与竞争对手进行比较。这一点很重要。重大举措之所以重大,并非因为难以完成,或者是令团队感到精疲力竭,而是相对于竞争规模来说的。

谁会知道你的研发开支在行业中处在前一半还是后一半,会对你进入经济利润曲线前五分之一的概率产生 15% 的影响呢? 但确实如此。公司希望将生产力提升 2%,但却没有考虑这将如何影响(或不影响)它们与竞争对手的相对位置,这样的情况我们看到多少次了? 谁知道尽可能多地采取措施(而非集中于一个领域的改进)有多重要? 而多管齐下又是多么罕见?

这就够了？

　　决定成功概率的变量只有 10 个，这的确出人意料，甚至令人不安。确实有人问过我们其他变量的影响，比如人才、领导力、文化和关于执行的进一步细节。没有完备的实证研究证明它们的作用，而且，即使无法将这些因素分离出来，我们也能在企业渴望其战略发挥作用时，大幅改善目前的运营状况。很显然，这个模型超过 80% 的准确率隐含了其他杠杆，因为模型是根据企业在经济利润曲线上移动的完整实证证据构建的。人才和领导力等其他因素并没有被独立出去。目前我们正在研究一些方法，可更加明确地衡量人才因素，并将其融入概率估算模型。现在我们暂且可以这样理解：无论人才基础如何，只要战略没有超过这 10 个杠杆的阈值，那么人才就很难弥补优势、趋势和举措上的不足。

　　我们还会观察具体行业的经济利润曲线。虽然它们都很相似，但各自的形状却存在差异。概率也有所不同——一定程度上是这样。我们发现，在一些我们观察更细致的行业中，从中间三组移动到前五分之一的平均概率最低仅有 5％,而最高达到 16％。而在另外一些行业中,并购其实是不切实际的。例如,已经经过整合或存在监管障碍的行业,等等。我们目前正在使用机器学习技术处理更大的数据集,看看能否再实现一个突破。所以,无论是我们还是你们,仍有很多的工作要做。

与你和你所在的企业相关的是,你现在可以知晓你战略的成功概率,而且是提前知晓。你可以比较精确地知道这些概率,继而采取行动,并查看哪些杠杆对自己的企业最重要。由于所有变量都可以衡量,也都可以与大的企业样本进行比较,我们的优势＋趋势＋举措模型为你审视成功概率提供了真正的外部视角。

在对抗战略的人性面时,这可以成为你手中的一个有力工具,因为现在你有了一个基准来衡量战略的质量,不必再受制于战略办公室里的主观判断。现在你可以根据一个外部参考点来校准自己战略的成功概率,由此还可以获得改善团队沟通的工具。

如果在 DNP 和其他有很大概率下滑到后五分之一的公司进行战略讨论的过程中能够融入这样的外部视角,它们或许就会采取不同的措施。当我们向一家接近经济利润曲线顶端位置的美国保险公司展示其在经济利润曲线的位置时,这个基准令他们的 CEO 感到震惊。他说:“这究竟意味着什么? 我是否要努力奋斗才能保持现状? 还有没有上升空间? 或者,我能否改变我的行业,从而改变整个曲线?”

他转向他的团队,问道:“你们知道这个吗? 你们给我的战略能不能把我们推向曲线的上方? 谁负责的业务可以帮助我移动公司的位置?”公司当即就调整了战略。

当然,战略依赖于天才的洞见和新颖的想法。战略是一门艺术。所以,虽然你不能改变太多优势,但我们会在接下来的两章中探讨,你如何在趋势方面,尤其是在举措中运用洞见、想法和艺术以尽可能地提升成功概率。你需要提升自己的能力,以便更好地预测趋势和竞争对手未来的动向。

优秀的战略仍然并非唾手可得,但你至少可以大幅提升自己预测战略成功概率的能力。

● ● ●

　　我们随后会深入分析趋势和举措的作用,这都是你能切实发挥影响的方面。

110

趋势

不祥征兆已现

察觉不祥征兆很容易，但要做出反应却可能十分困难。要与趋势做朋友，就必须克服短视、逃避和懒惰。

皇家飞利浦(Royal Philips)前 CEO 蒲绍昌(Cor Boonstra)非常精于把握趋势。20 世纪 90 年代晚期，他在宝丽金唱片公司就注意到一个重要趋势并进行了大胆尝试。宝丽金当时是世界顶级唱片公司，旗下拥有鲍勃·马利、U2 乐队以及众多顶级歌手。但是 1998 年，蒲绍昌飞往纽约与高盛公司的人会面，以 106 亿美元的价格将宝丽金卖给施格兰公司。为什么呢？因为蒲绍昌看到了飞利浦对自身光学存储业务的内部研究报告，发现消费者将飞利浦联合发明的可刻录光盘(CD-ROM)技术主要用于一个目的：复制音乐。当时 MP3 格式尚未问世，用于下载 MP3 文件的软件 Napster 在肖恩·帕克(Sean Parker)眼中微不足道，宝丽金的事业如日中天。但蒲绍昌看到了转型的初步征兆并坚决做出了反应。接下来的十年里，美国市场的 CD 和 DVD 销量减少了 80％以上。[1]

蒲绍昌是如何选准出售时间的？真是不可思议。从图 6-1 可以看到，出售宝丽金时，CD/DVD 收入正处于绝对巅峰。

图6-1 唱片业的颠覆

飞利浦看到不祥征兆已经显现……并采取应对措施

美国唱片业协会(RIAA)的音乐销售额
十亿美元

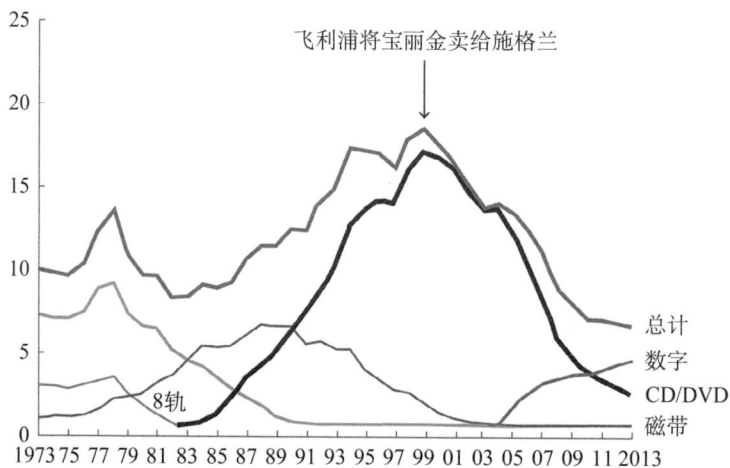

飞利浦将宝丽金卖给施格兰

总计
数字
CD/DVD
磁带

8轨

资料来源：美国唱片业协会

必须承认，大多数人并不善于把握市场时机。我们会看到趋势，也乐于谈论趋势：经济动态、新技术创新、行业动态、新的服装潮流以及这一代年轻人关心什么，不一而足。但仔细想想：有多少次我们低估了趋势的重要性，低估了我们经营环境的重要性，只是因为我们太习惯于相信自己能够掌控这一切？有多少次我们明明看到了趋势，却没有足够迅速地做出反应？

几乎每个战略决策流程都有趋势的影子。董事会经常邀请行业专家介绍他们对未来的愿景，或者公司CEO访问了硅谷，受到创新和科技新富神话、敏捷以及崇尚牛仔文化的企业总部的启发。几乎毫无悬念，关于区块链、云和超级高铁(hyperloop)的理念将会在未来几十年渗入战略办公室，带来光辉灿烂的生活愿景。

很多时候，为了做出正确的选择，战略决策团队不辞辛苦地工作并准备行业分析报告。"对,我们了解趋势。下一个。"但是更多的时候,公司并没有建立把握趋势的能力,也并未采取具体的行动。他们很少将趋势变为切实可行的投资机会并坚决调拨资源以把握机会。

我们的一个客户——一家大型的全球石油公司确实做到了让公司认真看待趋势,但这需要真正的颠覆。2011 年,我们三人为 *McKinsey Quarterly* 写了一篇关于"10 Timeless Tests of Strategy"(检验战略的十大不变标准)[2] 的文章后,该公司决定将这 10 条检验标准应用到实践中。董事会要求各个业务部门以当前面临的最重要选择为焦点,准备一份简要的战略陈述报告。然后,董事会使用这 10 条标准对报告进行打分。讨论最多的始终是围绕第四条标准:你的战略是否让你领先于趋势?最终,公司重新调整了增长结构,更加明确地围绕其优先选择的趋势和微趋势来对适合的业务机会进行投资。他们获得了相当显著的回报。

完全不同的战略理念

完善的机制虽对实施至关重要,但在这里并不尽然。这里需要的仅仅是理解这些抓手的梗概,看看它们如何以外部观点改变战略办公室里的对话,带来比传统内部观点更有成效的成果。

同样，这也不是百分百肯定能做到的。即使你是 PCC 公司，有 76% 的概率到达曲线上的前五分之一，也并不意味着一定就可以实现。

当然，我们也会看到一些公司上升的方式与模型不同。PCC 的同行——一家航空和防务公司的故事就值得我们警醒。该公司处于一个高增长行业，拥有令人艳美的天然优势，发展也非常迅速。在我们所研究的十年期间，公司有 72% 的概率从经济利润曲线的中间位置上升到前五分之一。但事实上，它却从当初的盈利 7 000 万美元到巨亏 7.8 亿美元，最终跌至经济利润曲线的尾端。

虽然公司采取了措施，但它押错了宝，选择了成功概率较低的业务（并且执行有点糟糕）。一个大型并购战略让它的债务急剧增加，却没有带来任何回报。在关键的航空和防务项目上运营管理松散，导致时间和成本均超过预期。当然也有一些外部因素，如一个主要产品的订单量低于预期。虽然之后的复兴计划提高了公司的盈利能力，减少了债务，但这个故事提醒我们，仅凭行业利好和先天优势是远远不够的。

而也就在那十年里，美国酒店连锁品牌喜达屋逆势而上，一举跃升至经济利润曲线的顶端。虽然酒店行业发展的阻力很大，公司的负债也较高，但喜达屋成功地摆脱了困境。2000 年—2004 年期间，公司一度亏损 3.06 亿美元，到 2010 年—2014 年期间，利润已高达 3.32 亿美元，而同期的行业平均水平仅为 1.82 亿美元。如此业绩要归功于公司敢于突破常规，进行了大刀阔斧的改革：将资产组合合理化。在这十年中，喜达屋仅收购了一项资产（艾美酒店/Le Méridien），但令人惊讶地剥离了 51 项资产，包括出售部分喜来登（Sheraton）和 W 豪华酒店。这种务实的并购（和剥离）做法促进了喜达屋经营模式的根本变革，从酒店物业拥有者转型到以品牌为驱动的、轻资本的酒店营销者和运营者。管理层发挥了喜达屋的优势，认识到迫在眉睫的行业阻力和沉重的债务负担问题，以大胆的变革扭转了局势。

虽然这些例子有很大的"幸运"成分，但我们的模型显示，经济利润曲线上 80%~90% 的移动还是取决于企业本身的强弱。即使类似的特例也总是进一步证实了这样的规律。虽然人类天生喜欢看到弱者逆袭(也许同样喜欢看到大亨们倒霉,即便不怎么光彩),但作为投资者或管理者,顺势而为才是更明智的做法。

网球还是羽毛球?

如果要选择挥拍类运动,建议你最好模仿网球名将罗杰·费德勒(Roger Federer),而不是羽毛球冠军林丹。他们都非常成功,也许是有史以来各自领域最优秀的运动员。同时两人也极受欢迎,其天分与个人魅力极具竞争力。没有人会问:"为什么费德勒不打羽毛球?"(但他们可能会问:"林丹是谁?")一个原因是:同样是排名前十,网球运动员的收入比任何其他球拍类运动要高 10~20 倍。无论林丹是多么伟大的羽毛球运动员,他都无法克服这一"行业"劣势。

你也一样需要让自己尽可能占据最大的趋势有利条件。如前所述,行业和区域这两个最重要的因素决定了公司在经济利润曲线上下移动 25% 的概率。趋势好比脚下的大地,甚至在你做出任何其他战略举动之前,它们已在推动你上移(或下移)。走在趋势前面无疑是你必须做出的最重要的战略选择。

"我只对带来巨大利润的趋势类型感兴趣。"

由于大多数业务竞争激烈，许多企业往往会着眼于当前的竞争，而不思考竞争态势变化的更深层次原因。收获也许要归功于行业，与自身的付出关系不大，例如电子商务蓬勃发展时期的快递公司，或者人口老龄化时代的养老护理机构。如果你是一家电视广播公司，也许就不那么幸运了，因为观众都转向流视频了。

行业如自动扶梯

一些人也许记得儿时沿着下行扶梯往上跑，试图跑赢坐上行扶梯的父母，你必须跑得够快才能跟上他们的脚步。行业也是这样，在上行和加速过程中陷入停顿，你需要努力向前，而本身处于下行轨道时，保住原来的位置就已经需要尽力拼搏了，更何况要更进一步呢。

在从曲线的中间位置上升至前五分之一的 117 家公司中，有 85 家是伴随行业趋势一起上升的(至少上升了一个五分位)。仅有 32 家公司逆行业趋势(至少下降了一个五分位)而上，但也证明一切皆有可能。在从中五分位下降至下五分位的 201 家公司中，有 157 家是被行业拖累的。与处于下五分位行业的企业相比，处于上五分位行业的企业进入曲线排名前五分之一的可能性高出五倍(见图 6-2)。

因此，识别所有的相关趋势并在正确的时间做出反应至关重要。你必须与趋势做朋友。

随着全球经济周期的循环，新的技术和业务模式不断涌现，原有的技术和业务模式逐渐消亡，行业结构不断变化，新的生态系统渐次形成，企业的利润池也在行业之间此消彼长。这种影响有时可能十分巨大，必须采取重大举措(见图 6-3)。例如，在我们排名的 127 个行业中，移动通信行业已在 10 年间从接近曲线底部的位置蹿升至接近顶端的位置，而由于大宗商品价格下跌，石油天然气行业走向了相反的方向。总体来看，企业之间的变动也与此类似：在 127 个行业中，9% 的企业在十年内从行业经济利润曲线的三个中间区域上升至前五分之一。

图6-2 行业如自动扶梯

拥有超级趋势的行业带动企业沿经济利润曲线上移

总数=1 435家从中间三组起步的企业

期初位置
2000年—2004年

中间

14   78   8

期末位置
2010年—2014年

底部   中间   顶端

不同分类的百分比

拥有大趋势的行业

拥有上行趋势的行业

处于下行趋势的行业

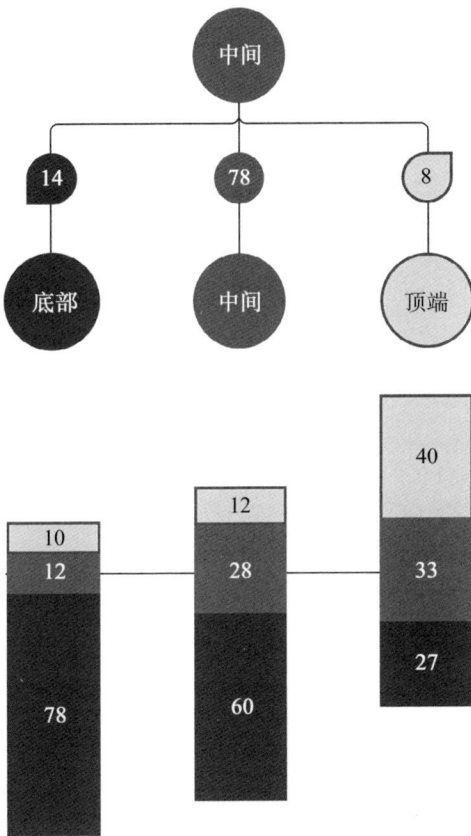

		40
	12	
10	28	33
12		27
78	60	

资料来源：McKinsey Corporate Performance Analytics™

图6-3 行业也在经济利润曲线上移动

例如,移动通信行业急速蹿升,而石油与天然气行业则出现衰退

各行业内企业的年度平均经济利润
百万美元,总数=2 393

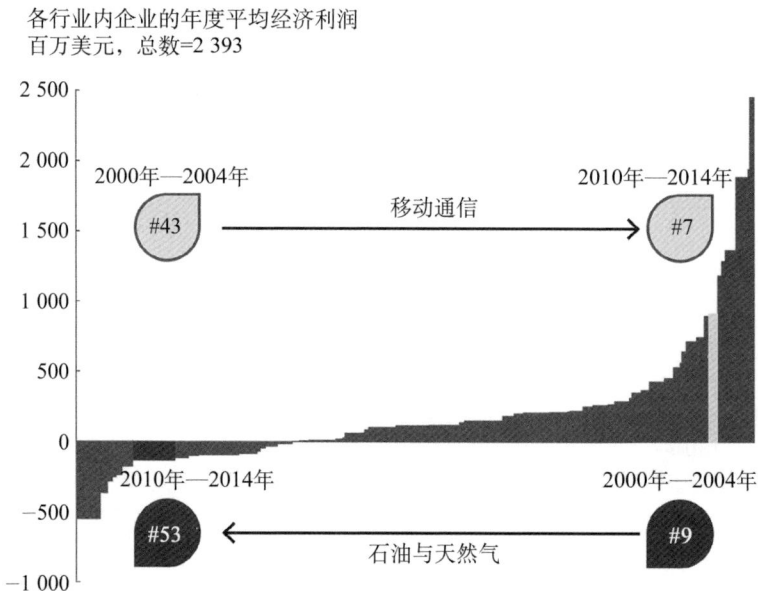

资料来源：McKinsey Corporate Performance Analytics™

如果你发现你所处的行业趋势十分有利(如前所述,这是成功概率的最重要因素),那么你就应该尽最大努力把握这一趋势。而如果你发现你所处的行业趋势不佳,则可能需要认真考虑改变自己从事的行业或者改变行业本身了。

改变从事的行业或者改变行业本身

如果你发现自己面临的危机如此巨大,就像柯达公司当初面对数码照相一样,那么你有两种选择:其一是行业转型,如通过合并改变其基本的业绩前景;其二是选择离开原来的行业,进入一个威胁较小的新领域。当然,

这两条路都不好走。

我们在欧洲公共事业行业大会上介绍了相关数据后，有三位高管与我们联系，表示他们对自身行业在经济利润曲线上所处的位置感到震惊。数据向他们传达了一个令人痛苦但明确无误的事实——甚至对个人的职业选择而言，经济利润曲线也是至关重要的，因此人们需要关注行业在经济利润曲线上所处的位置，以及行业可能会看到的趋势。

改变行业绝非一夕之功，人性面会让转型变得更加困难。企业很少能够根据形势的变化自由地转换行业——私募股权和风险资本投资者是较为典型的例外。对于公司经营者而言，找到改变行业的举措非常困难，但对于其中的某些人而言可能又非常必要。

如要留在原来的行业，你可能需要找到改变行业动态的途径，以不断促进业绩的发展。例如，数十年前，澳大利亚的啤酒行业表现平平，郎狮(Lion)和福斯特(Foster)在 20 世纪 80 年代和 90 年代进行了深度整合，啤酒业成为对这两家公司都极具吸引力的行业。拉美航空为南美洲地区带来了全新的航空业务模式，表现极佳。荷兰博组客(Buurtzorg Nederland)改变了荷兰的家庭健康护理行业，以人性化的全新服务模式实现了经济和效益的双丰收。这些公司都有一个共同点，那就是大力创新，群策群力改变游戏规则。他们都推行了从根本上改变行业竞争基础的战略，顺势而为，把握变革的机会。

如果你无法改变行业规则，那么你可能必须调整业务定位，转向新的高增长项目。经过强有力的重组，企业可以在 10 年内将超过 50％的资本金基础转至新的行业。建立信心，选用恰当的人才，获得必要的能力，是实现转型需要翻越的"三座大山"。[3] 对许多人而言，当前行业的成功机会微乎其微，寻找新机会也许是赢得美好未来的唯一途径。

在我们的数据库中，有近 25％的公司在十年内成功地转移了超过一半的资本投资。还有 30％的公司转移了超过五分之一的资本投资。

他们是如何做到的？

正如我们之前所说过的，一个关键的因素是改变以现状为基线的观念。

现在这个时代，企业向上提升十分困难。经济利润曲线很陡峭，并且随着时间推移会变得越发陡峭。竞争对手也不会按兵不动。因此，你必须抛弃"行业大环境还不错"的想法，打开战略办公室的窗户，迎接清晰而无情的外部世界。

也可以考虑改变地点

地理区域虽不如行业那么关键，但仍然十分重要。你需要评估所在区域产品与服务运营和销售的增长潜力及发展趋势。可以想象，进入高增长地区可能是实现高速增长的一大重要因素。总体而言，对增长地区进行细化分析十分重要。例如，某大型计算机生产企业详细分析了中国市场，将全国 680 个重要城市分为 21 个集群，对重点城市、购物广场以及购物广场中的店铺位置进行排序，以优化投资收益。通过重新分配销售和营销支出，公司的增长率提高了 50％。

随机问题：你知道天津、成都、重庆吗？不知道？

重庆是中国西部的一座城市，拥有超过 3 000 万人口！其中一些人很可能组装了你使用的个人喷墨打印机/激光打印机。如果你不了解这些城市，你也许不会认识到，未来十年里，超过 50％的全球生产总值可能是由 230 个中国城市创造的。

加大参与高增长市场的力度，可以明显提升公司的增长业绩。

我们发现，总部设在新兴市场的企业不仅受益于这一市场的增长趋势，同时也在发达市场取得了不俗的业绩。这可能仅仅是一个令人好奇的题外话，但也印证了不要局限于本土市场的重要性。2012 年，飞利浦新任 CEO万豪敦(Frans van Houten)提出了一项计划，要将中国市场建设成为公司的"第二本土市场"，增长由此加快，公司的竞争力大大提高，尤其是与中国本土的竞争对手相比。

即便不提你对各个行业和地区相对排名及发展前景的看法，关注趋势也已经开始改变战略办公室的局面了。不再是一切功劳属于管理层，一切问题归于无法控制的外部因素。现在你可以看看,公司在经济利润曲线上的移动有多少归因于行业和区域方面的因素,又有多少来自你和同事"改变水平面"的努力。这种新颖的以证据为基础的对话视角,有助于我们重构讨论框架。

着眼微观

重要的洞见并不总是关乎宏观大势或重大颠覆。日复一日地为客户提供服务并及时响应他们的需求,是面对趋势的最大挑战之一。长期的成功可能只是准确理解行业趋势,确保灵活性,相应地把握最佳时机合理调动资源,并且比竞争对手动作更快。

这需要选对区域、客户群和微观细分市场,并要重新分配企业当前的内部资源,以把握差异化的增长前景与趋势。本书作者之一斯文·斯密特在十年前与人合著的《精细化增长》(*The Granularity of Growth*)一书中指出,企业增长表现的差异有80%归因于对经营市场的选择以及并购。[4] 之前提到在中国经营的 PC 公司就是如此。由于采用高度细化的方法分配资源,该公司得以走在增长趋势的前面。

营销巨头、WPP CEO 马丁·索罗(Martin Sorrell)如此描述追逐行业机会的重要性:[5]

我们实现增长的一个重要原因是始终努力专注于增长领域。现在，如果将业务放在亚洲和太平洋地区，增速会比放在西欧更快。我们努力发现行业中的增长趋势，我们的持续增长也将倚赖于此。当然，找到最佳的收购对象也很重要，但首先还是要找那些敞开的大门。不管你有多聪明，但如果大门是关上的，推开它将十分费力。

由于行业定位和行业趋势如此重要，善于顺势而为的企业会将这些观点融入与管理层考核业绩相关的日常工具中。与通常基于内部会计数据和标准市场报告的零星深度分析不同，使用全面的分析组件，几天内即可完成几年前耗时数月都无法完成的任务。你可以比较和分析行业业绩、投资组合基准、增长 MRI 等，为投资者进行分析。

需要独到见解

差异化需要独到见解。从抽象的趋势细化，一直到各种"投资机会"——具体可行的商业机会，都能看到它们的身影。

有时，形成独到见解需要对专有数据进行投资。数十年来，很多 B2C 企业投资推进客户忠诚计划(如航空公司的里程或零售店铺的会员卡)，常常通过价格折扣来换取客户数据。利用这些数据可以生成更深入的、可变现的洞见。超市现在可以同时从多个维度来划分客户群(如按地区、人口结构、购物篮尺寸、购物频率、促销参与情况、优质产品组合等)。我们不再谈论八大客户群体，现在有上千个细分客户群。超市现在可以有针对性地开展营销活动；可以根据门店定制范围；可以了解哪些品类的价格敏感性更高或更低；可以看到哪些品牌能带来更多忠诚顾客；可以通过网上渠道开展 A/B 测试等等。因此，虽然宏观趋势可能是"零售正在向线上转移"，但正是通过细致分析客户和投资机会，才让转型变得更有成效。

你还可以将宏观洞见与微观洞见进行碰撞，辨别哪些趋势是真实的，哪些不过是假象或臆测。2010 年，智能环球托盘系统公司(iGPS)积极推广的无线电射频(RFID)塑料托盘获得市场认可,老牌木制运输托盘供应商集保物流(CHEP)面临威胁。投资者看到木制托盘将会终结的宏观趋势,鼓励集保公司大力投资塑料托盘以替代现有的产品。基于客户正在转向哪里以及为何转向的详尽分析,集保公司形成了微观洞见。他们发现,塑料托盘的市场威胁正在减弱,因为快速消费品生产工艺的自动化程度提高,意味着托盘需要满足更严格的尺寸标准。塑料托盘仅适合少数客户,这在经济方面对大规模应用不利(塑料的资本成本远远高于木材)。集保并没有替代现有20亿美元的资本金基础,选择更昂贵的塑料产品方案,而是针对客户需求,投资于更严格的质量和维修工艺。集保还使用发货算法来保证为那些需要最优质托盘的客户供货。集保的利润率仅受到了轻微影响;而 iGPS 在失去百事公司等几个大客户后宣布破产,最后被一家私募股权企业收购。

应对不祥征兆

走在趋势前面的重要性已经不言而喻了,但现在我们面临着更大的障碍。俗话说,成也萧何,败也萧何。企业起初成功的原因到后来也常常会导致它们寸步难行。墨守成规可能会使企业很难应对行业颠覆。而行业的领先地位又可能令企业无法应对即将来临的不祥之兆——但并不一定毫无可能。

惯性

十年前，挪威传媒集团施伯史泰德(Schibsted)做出了一个令人鼓舞的决定：提供免费在线分类广告——这是其报纸业务的主要收入来源。公司已经在互联网领域进行了大手笔投资，但为了打造强大的泛欧数字化媒体平台，它还必须筹集资本。在向一家潜在的法国合作伙伴介绍时，施伯史泰德的高管指出，现有的欧洲分类广告网站流量十分有限。他们说："市场等待我们去把握，我们也正要抓住它。"现在，公司超过 80％的盈利都来自在线分类广告。

大约在同一时间，其他领先报业的董事会也在评估数字化的前景。毫无疑问，他们甚至也与施伯史泰德一样，提出并讨论了互联网创业公司虹吸一样卷走利润丰厚的纸媒分类广告(行业称之为"金河")的假设情景。也许这些情景没有带来足够的警示，或者是它们太过危险而不被接受，最后只有极少数的报纸真正追随了施伯史泰德的步伐。

在纸媒已经完败于数字化颠覆的今天，很容易看出当初谁做出了正确的决定。但是，当一个人真正处于颠覆的早期阶段，面对各种不确定性以及经常性假想时，事情就会百般费解。20 世纪 80 年代，钢铁巨头们明显低估了小钢厂的潜力。20 世纪 80 年代和 90 年代，个人电脑给数字设备公司(Digital Equipment Corporation)、王安电脑公司(Wang Laboratories)以及其他微机制造商带去了沉重打击。近年来，网上零售打败了实体店，爱彼迎(Airbnb)和优步(Uber Technologies)也分别搅乱了旅馆和租车行业。从数据库软件到盒装牛肉，类似例子举不胜举。

他们都有一个共同点，即老牌企业经常发现自己面对大势时站错了队。不论这些企业的资产负债表实力有多强，市场份额有多高(有时候也正是由于这些因素)，似乎也对颠覆者的来势汹汹束手无策。

好消息是，许多行业仍然处于颠覆的早期阶段。纸媒、旅游、旅馆等行业为后来者提供了宝贵的借鉴。对大多数企业而言，现在做出应对还为时未晚。

老牌企业能够生存下来甚至变得更加繁荣，秘诀是什么？一方面当然在于其是否有能力识别并克服传统企业墨守成规的典型应对模式(或缺乏应对模式)。这通常要求企业具有远见卓识,并且愿意及时坚决地采用行动,即要在局势尚未明朗之时就着手行动。正如网飞公司(Netflix)从 DVD 转向流媒体时,CEO 里德·哈斯廷斯(Reed Hastings)指出,大多数成功企业因为害怕其核心业务受损,而没有设法为客户提供新的产品与服务。他说:"因为动作太快而死的公司极为罕见,但因为动作太慢而死的公司我们经常看到。"[6]

我们都是事后诸葛亮。但问题在于,当置身其中且面临各种现实制约及经营压力时到底该怎么做。从老牌企业的角度看,你必须度过颠覆性趋势的四个阶段。

颠覆性趋势的四个阶段

S 曲线(见图 6 - 4)可以帮助你理解这些阶段。首先,年轻的公司面对不确定性较为脆弱,但是够敏捷,愿意尝试。这时,企业会高度重视学习和期权性风险,在未来盈利预期的基础上努力创造股权价值。然后,这种新的模式需要达到一定的临界规模以实现持续运营。随着企业的逐渐成熟,进而成为老牌企业,思维方式和现实都将发生改变。老牌企业会锁定常规和流程,随着组织的复杂性上升,可变因素会变得清晰和标准化。出于追求效率的需要,它们会删除备选战略,奖励持续获得成果的高管。此时衡量成功的指标是即刻实现稳定且不断增长的现金流。对未来收益的多选项预期,被持续上调业绩预期的跑步机代替。

在颠覆阶段,向旧的 S 曲线顶端运动的企业会面临处于新的 S 曲线底部的新业务模式的冲击。创新性颠覆带来另一个周期,但这次的情形完全不同,存在两大主要挑战。

图6-4　颠覆性趋势的四个阶段

当新的S曲线变老

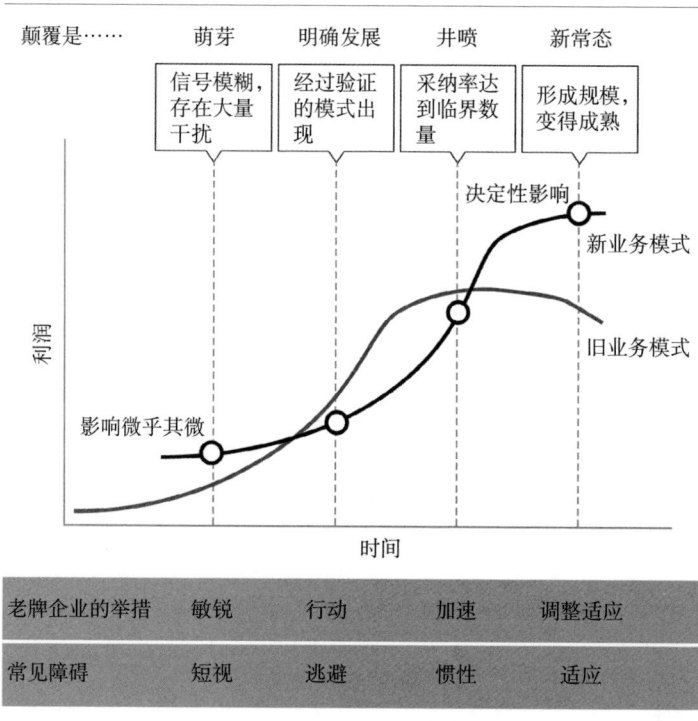

	萌芽	明确发展	井喷	新常态
颠覆是……	信号模糊，存在大量干扰	经过验证的模式出现	采纳率达到临界数量	形成规模，变得成熟
老牌企业的举措	敏锐	行动	加速	调整适应
常见障碍	短视	逃避	惯性	适应

首先，识别新的S曲线可能十分困难，因为它最初的坡度很小，常常不具备令人惊艳的盈利能力，也不吸引眼球。发明家、未来学家和投资者雷·库兹韦尔(Ray Kurzweil)说过，率先识别潜在增长曲线的早期阶段十分困难，我们生活中的大部分过程都以不易觉察的流线型发展。[7]虽然大部分企业的所作所为表明，它们非常善于应对明显的新兴事物，能快速整合资源并坚决采取行动，但在处理那些悄然发生发展、没有明显迹象的不确定威胁时，就有些力不从心了。

第二个挑战是将一家企业推上S曲线顶端的因素也可能令其在新S曲线底部徘徊不前。这需要企业采取不同的运营模式，但有时选对道路十分困难，即使你认为自己已经知道什么事情是对的。新的 S 曲线往往还对能力结构提出了不同的要求，达成这些要求才能成功。经验的价值下降了。

新的 S 曲线将行动迟缓者淘汰出局的简单理念，让我们得以从现有企业的角度看待问题，真正理解每时每刻所面临的实际挑战。在第一阶段，新的 S 曲线根本还不是一条曲线。在第二阶段，新的业务模式得到检验，但其影响还不足以从根本上改变现有企业的业绩轨道。在第三阶段，新的模式达到临界规模，其影响也变得明显。在第四阶段，新的模式成为新常态，进入成熟期。

第一阶段：发出信号，但有噪音

前面我们已经讲到了音乐行业是如何被颠覆的。类似的一个例子是，新西兰火花电信（Spark New Zealand）预料到黄页业务的盈利将会下降，于是在 2007 年以 22 亿美元的价格（其收入的九倍）将其出售，而许多电信公司将该业务保留到最后，几乎一文不值。

报纸行业中也不乏类似的信号。早在 1964 年，传媒理论家马歇尔·麦克卢汉（Marshall McLuhan）就发现，该行业的弱点在于对分类广告和股市报价的依赖："如果有替代方式可以轻松查阅如此丰富的日常信息，报社将关门大吉。"[8] 互联网的兴起创造了这一方式，eBay 等创业公司为人们提供了无须使用报纸广告发布商品销售信息的新途径。1999 年施伯史泰德的大动作是传媒企业最早做出的少数反应之一。

而大多数出版商都按兵不动。在颠覆的这一初期阶段，除了不受重视的外围业务，老牌企业的核心业务几乎没有受到任何影响，它们不"需要"行动。基本上不存在需要率先行动的紧迫性，这可能是因为利益相关者之间的需求相互冲突。再者，确定需要忽略哪些趋势、追随哪些趋势也是非常困难的。

老牌企业的不作为可能会为新企业打开大门。面对双寡头老牌企业的垄断，奥乐齐(Aldi)成功打入了澳大利亚日杂零售市场，其中一部分原因是，老牌企业不愿意承认奥乐齐的定位对澳大利亚消费者具有吸引力。最初的影响非常小，小到让对手认为出手防御得不偿失。你会听到"管理威胁"之类的话语，但事实就是不作为。16年后，奥乐齐占据了澳大利亚大约13%的市场份额，而且开店范围不断扩大，规模持续发展。

要获得更敏锐的洞见，克服在第一阶段的短视，老牌企业需要挑战自己的"故事"，颠覆行业赚钱的长期(有时是固有)信念。正如我们的同事在最近的一篇文章中所指出的，"这些主导的信念反映了一系列关于客户偏好、技术的作用、监管、成本驱动因素以及竞争和差异化基础的共同观念。它们常常被认为是不可违背的——直到有人违反为止。"[9]

重塑这些主导信念的过程，包括发现行业关于价值创造的最新理念，然后将其消化吸收，并发现价值创造的新形式和新机制。

战略的人性面会一如既往地让重塑工作复杂化。人们已经习惯了原有的思维方式，要改变它十分困难。许多公司的业务已经利用旧的S曲线赚了很多钱，而在竞争资源的战争中，他们可能(至少是悄悄地)阻碍转向新曲线的尝试。在初期阶段，转型的吸引力尚未显现，守旧者的观点特别有说服力。

个人电脑的先驱艾伦·凯(Alan Kay)曾经说过："每个人都喜欢改变，除了改变本身。"

第二阶段：让变革站稳脚跟

趋势现正变得日益明显。核心的技术和经济驱动因素已经得到检验。此时至关重要的是，老牌公司要着力推进新方案，以确保在新领域站稳脚跟。更重要的是，他们需要确保新的试点项目独立于核心业务，即使是两者的目标相互冲突。动作一定要快，不能亡羊补牢。

但由于颠覆的影响尚未大到阻碍盈利势头，相关的变革行动往往仍然缺乏动力。即使在线租车和房地产分类广告业务已经起飞，克雷格列表网站(Craigslist)的发展正在加速，但大多数报纸出版商并没有紧迫感，因为其市场份额仍然未受多大影响。新进入的企业尚未赚取上百万，没有多少业绩值得嫉妒。

但施伯史泰德找到了必要的动力，公司 CEO 科杰尔·阿莫特(Kjell Aamot)回忆说："在互联网泡沫破灭时，我们继续进行投资，虽然并不知道如何在网上赚钱。我们还提供新的产品与原有产品进行竞争。"免费提供在线分类广告的举措直接瓦解了公司的报纸业务，但施伯史泰德愿意承担这一风险。公司不仅采取了行动，而且力度相当大。

1995 年，微软公司 CEO 比尔·盖茨在"思考了几周"后意识到，公司严重低估了互联网的重要性，于是也开始了类似的大刀阔斧的变革。重返岗位的比尔·盖茨发表了著名的"互联网备忘录"，从根本上调整了公司的方向，否决了一批项目，将资源再分配到其他项目上，并且启动了更多新项目。

现在我们必须承认，在业务处于 S 曲线上升期时，一家公司的领导者承诺支持试验性创新是多么不容易。拥有比尔·盖茨掌控全局的公司并不多。2011 年，网飞公司采取颠覆措施，将业务重点从 DVD 转向流媒体，股价下跌了 80%。很少有董事会和投资者可以在近期需求争议极大时直面这种阵痛。模糊不清的长期威胁看起来似乎并没有眼下的困境那么危险。毕竟，老牌企业需要保护现有的收入，而创业者只有上升的机会可以抓住。另外，管理层更善于为他们熟知的业务制定战略，天生不愿意进入他们不熟悉规则的游戏。换言之，战略的人性面又作祟了。

　　最终的结果是：大部分老牌企业都会试水，进行一些不会让当前 S 曲线趋平并能免于自相残杀的小投资。这些企业通常对协同效应(始终在寻求效率)过于关注，而不会进行激进的试验。这种通过试探就可以进入圈子的幻想太过诱人了，缺乏可信度。许多报纸都为其分类业务增加了在线内容，但很少有报纸愿意承担与传统收入流冲突的风险，因为后者当时的规模仍然更大，盈利能力更强。另外请记住，此时施伯史泰德的早期投资尚未获得任何回报：这样做的结果看上去和别人没什么不同。

　　当然，随着时间的推移，更有力的行动变得十分必要，高管必须保证能够通过多种方案，培育可能摊薄盈利的小规模下一代业务。管理这样的业务组合需要能够高度容忍形势的晦暗不明，需要高管能够适应不断变化的公司内外部条件，同时始终保有为股东实现可观业绩的愿望。问题在于，人们往往会出于短期经济效益的考虑以及不愿转向外围业务的情感因素，而更倾向于保护核心业务。

　　能认识到一以贯之的现状不再是基准，这也是一大挑战。日杂零售企

业奥乐齐低价模式的成功在其初期就已露端倪。然而,许多老牌超市却选择以大幅降低入场价格和完善自有品牌的方式来逃避短期阵痛。事后来看,这些举动为奥乐齐扫除了障碍,使其在三个大陆获得了持续强劲增长。

第三阶段:转型不可避免

现在,未来已在向我们招手。至少对于一些取得关键突破的转型者而言,新的模式已被证明是优于原有模式的,并且行业也在展开行动。在颠覆的这一阶段,为了加速自身的转型,老牌企业的挑战在于要将资源向新业务倾斜,培育第二阶段的竞争力。将变革看作对新业务的风险投资,只有快速扩大规模才能带来收益,而原有业务将采取私募股权的方式退出市场。

做出这种艰难的转变需要克服惰性,哪怕企业看上去形势大好。我们都已看到,战略的人性面会使资源以"抹花生酱"方法进行分配,企业很难实现明显的转向。

最艰难的阶段

事实上,经验告诉我们,第三阶段是老牌企业最难度过的一个阶段。随着企业业绩开始受损,预算收紧,这些企业会自然而然地停止在外围业务上的进一步动作,转而专注核心业务。主要决策者通常都来自最大的业务中心,不愿意为了前景不明的创新业务而让仍可盈利(但增长更为疲软)的业务缺乏资源。结果,领导层往往在新方案上投资不足,但却提出了很高的业绩要求。传统业务继续享受最多的资源。此时,主要的施压方使得企业更加不愿意,也更加没有能力解决这些问题。在战略人性面的影响下,企业往往在最需要积极调配资源和大力投资之时,无法发挥资源的作用。

在这一过程中,董事会发挥重要作用。董事会通常不愿意(或没有能力)改变对基准业绩的观点,这使得问题更加突出。面对业绩的下滑,董事会(可以理解)往往会给管理层施加更大的压力,以便采用当前模式实现雄心勃勃的目标,而无视进行深入变革的需求。这只会让问题在未来进一步恶化。

由于开始总是行业内实力较弱的企业受到的冲击最大,在这一阶段,以前占据强势地位的老牌企业可能会因此盲目自信。"这不会发生在我们身上",这样的说法太过诱人,缺乏可信度。关键是要密切关注相关的驱动因素,基于财务结果的后知之明并没有用。故事里说:"我不需要跑赢熊,我只需要跑赢你。"但是对于行业性的颠覆,这种策略只不过是争取到一点时间,熊会继续追赶,最后还是会抓到你。

即使过程已经合理明确,也可能很难让团队走向新的方向。某亚洲高科技制造商在进军新能源产业时,没有一位高层成员想要负责该项业务。公司从外部聘请了一位管理者,但他从来都无法从核心业务部门获得足够的资源。尽管战略是对的,但缺乏强势的领导人导致了最终的失败,仅仅一年后,该项目就以白白浪费了 1 000 万美元收场。同样,一家澳大利亚的银行希望进军印尼市场,以把握消费增长和数字化经济的趋势。但在询问有没有人自愿建设这一新的增长支柱时,没有一位高层成员举手。公司直接放弃了计划。

为了获得这一阶段所需的加速度,老牌企业必须大胆而坚决地重新配置资源,从旧模式转向新模式,并显示出采取与旧业务不同(且常常独立于旧业务)的方式经营新业务的意愿。最好的例子也许是 2013 年施普林格报业集团(Axel Springer)剥离部分最强大的传统纸媒产品(当时约占其销售额的 15％),将其出售给德国排名第三的纸媒巨头冯克传媒集团(Funke Mediengruppe)。出售的产品包括《柏林晨报》(*The Berliner Morgenpost*),1959 年以来一直为施普林格所有,之前是企业 DNA 的核心组成部分,代表了集团的新闻文化。但它风光不再。施普林格认识到,企业的未来价值不在于延续今天的盈利,而是创造新的经济引擎。《金融时报(德国版)》(*Financial Times Deutschland*)称这家德国传媒公司是"纯粹的互联网矮子",直到 2005 年才开始行动。[10]接下来它开始不断主动出击,到 2013 年已收购了 67 项数字媒体资产,启动了 90 个计划。最重要的是选择进军在线分类广告这一高利润高增长的领域,加倍下注。与施伯史泰德一样,施普林格的案例表明,老牌企业即使转型起步较晚,但只要全力投入也可获胜。现在,施普林格超过 80％的税息折旧及摊销前利润都来自数字媒体。

如果老牌企业内部没有能力开展新业务,则必须考虑收购。这方面的挑战是,要在业务模式得到检验与估值变得过高之间找准收购时机,确保其成为所收购业务理所当然的"最佳所有者"。金融业的典型案例是西班牙对外银行(BBVA)收购 Simple 以及第一资本(Capital One)收购设计公司 Adaptive Path。

第四阶段:适应新常态

在最后这一阶段,颠覆已成规模,行业已发生根本性的改变,企业别无选择,只能接受现实。老牌企业的成本基础与新的(可能更窄)利润池不适应,盈利不断萎缩,企业发现自身处境非常糟糕,难以获得有利的市场地位。

这就是当下纸媒的现状。分类广告的"金河"已经干涸,生存成为首要任务,增长退居次席。2013 年,澳大利亚费尔法克斯传媒(Fairfax Media)的 CEO 在国际新闻媒体协会世界大会(International News Media Association World Congress)上发言称:"我们知道在未来的某一天,城市市场中将以数字媒体为主或只有数字媒体。"[11]确实,一些传统大报已经建立了强大的在线新闻渠道,拥有很高的流量,但显示屏广告和付费墙本身还不足以创造丰厚的收入流,社交聚合网站正在继续推动分类交易。典型的传媒企业必须进行多轮痛苦的重组和整合,培育增长,并寻找将品牌变现的机会。

对于施普林格和施伯史泰德等已经实现飞跃的老牌企业,适应阶段也带来了新的挑战。现在,它们是以数字业务为主的企业,必须完全承受该领域特有的波动和节奏。它们没有沉浸在过去的成就上,而是通过不断的自我颠覆适应新的形势。想想脸书(Facebook)在 2013 年改变业务模式,转向"移动优先",中国的腾讯(Tencent)让基于智能手机的微信与原本占据支配地位的台式机社交媒体平台 QQ 抢占市场。你不能满足于第一次的颠覆;你必须不断地颠覆。

有时,老牌企业的能力与旧的业务模式紧紧联系在一起,通过重组重生的办法走不通,退出才是保值的最佳方式。例如,伊士曼柯达公司(Eastman Kodak Company)如果更快地放弃照相机业务可能会过得更好,因为它为了挽救该业务的诸多战略最后都以失败告终。如果业务所依托的传统技术与新的标准完全不同,即使完美预料到胶卷或 CD 的终结,也无法解决数字化替代方案在根本上盈利能力更低的核心问题。

而战略的人性面又一次让转型变得更为复杂。与施普林格不同,大多数企业发现,要割舍一项具有自身发展里程碑意义的业务非常困难。如果某位自负而又成功的资深高管长期以来一直把控着一项业务,CEO 就很难从他那里抽走资源,即使该业务面临风险。董事会和管理层会发现,很难摒弃旧有观念,包括关于盈利能力的假设。在许多公司,再没有比他们最初创建的业务更珍贵而且神圣不可变更的事物了。

　　企业面临的挑战是要适应利润池的新现实并从结构上调整成本基础，接受可能利润比"金河"微薄得多的"新常态"。

● ● ●

　　虽然顺应趋势十分困难，但下一章会有一些好消息：我们精选了一些重大举措方面的案例，可以帮助你重新定位业务，跑赢趋势。

　　讲得有点长，但是接下来我们可以进行最重要的探讨了。现在，你已经获得了外部观点，这可以帮助你建立业绩基准，思考实现重大成功的概率，了解自身原有的优势以及将会影响到你的趋势。

　　现在你可以提出最重要的问题了：我要采取的重大举措是什么？

"为感谢在我之前领导公司的所有前辈……我们还是稳妥为上。"

第 7 章

采取正确举措

关键的转机主要取决于五项重大举措。重大举措乍一听很吓人,其实它是最稳妥的赌注。而最佳的策略是从小处着手,有意识地逐步采取一系列小的举措。

如前所述,人们在讨论战略时常常会抓不住重点,你需要做的事情太多——提高市场份额,赢得下一个大客户,提高利润率等。因此你可能操之过急,在战略办公室开始讨论的时候就提出了重大选择,而这本应在几周后才开始讨论。现在,你深深陷入五年战略计划中第一年的经营预算细节难以自拔。所有的事情都在不断累积。

这会让大多数人疲惫不堪,我们的研究也显示,渐进式增长不会让公司获得长远发展,这印证了我们一直以来的观念。事实上,渐进式增长会增加低绩效的风险。

为了帮助我们远离渐进主义,专注于重点工作,本章将介绍对成功概率影响最大的五项重大举措。清单很短,可以确保战略办公室的讨论集中在这些事项上,不会陷入那种招架不住的困境,由此真正获得成功。

首先要立足于优势，看看公司的规模、债务水平和研发投资，目前拥有哪些资源和优势。此外还要顺应趋势，这同样也基本不受人为控制，但可以通过调整资源配置来把握机会，从而形成影响力。而举措是行动之所在，是在做的事情，我们可以更好地掌控举措。举措就是最有力的践行，是最重要的成功因素的集合，也是力量的源泉。

下面我们深入学习之前简要介绍过的五项重大举措：系统化并购与剥离、资源再分配、资本支出、生产力提升、差异化改进。每个 CEO 的待办事项清单上都有这些举措大部分或全部——谁不会对提高生产力或投资增长机会感兴趣呢？

但必须牢牢记住的是，这五项重大举措：

- 非常重要，与任何其他因素相比，**它们更能预测成功**
- **需要足够努力**才能切实改变企业攀登经济利润曲线的概率
- **多管齐下最为有效**——优势或趋势越差，所需的举措力度越大

在与企业领导人交流后我们发现，令他们最感意外的是，真正需要采取的重大举措力度竟*如此之大*。我们与世界各国企业领导人数十年的交往经历和咨询经验显示，许多团队往往是虎头蛇尾，起初雄心勃勃，结果却不了了之。为什么改变成功概率的重大举措如此难以落实？如前所述，如果仅仅是因为觉得举措很大，很难做到或者需要大量资源，这不一定就是"重大"举措。你需要有一个外部的参照点：重大与否必须是相对于其他企业的所作所为而言的。你必须放眼世界，而不是坐井观天。

重大举措乍一听很吓人。而避险是人类的天性，贯穿于许多企业的各个层级。CEO 可能热衷于兑现季度业绩而非思考十年愿景："事关我的功绩，我不会让收购把事情搞砸。"另外，管理层也没有做好承担新计划相关风险的准备。有人担心无法实现宏伟的目标，或者一些制约职业发展的举措。有人害怕忽略了其他重点工作，从而使行动过于分散，缺乏力度。或者，也许创始人/董事长已经赚钱无数，不希望承担可能会让他的财富或社会地位灰飞烟灭的风险。你曾经以为，一朝是创业者，终身都是创业者，但现实并

不总是如此。我们不止一次地看到非常成功的创业者变得谨小慎微,让团队转向渐进式增长,"让明年比今年更好一点。"许多人都同意开拓进取是好事,但会带来职业风险的除外。

许多情况下,最后往往演变为相互指责的游戏。印度某消费品企业的 CEO 指责一线部门:"我们的战略很好,但团队执行不力。"其他人则认为是战略有问题,或者 CEO 有问题,或者两者都有问题。当企业在经济利润曲线上的进展不如人意时,人们会更多地将之归咎于意外的"一次性影响"。

"谁能提出彻底改变我们行业游戏规则的大胆计划,又不会让我大动肝火?"

重大举措至关重要

我们能深切地感受到这些问题,它们本身包含了人类的弱点。但我们的研究发现,如果要提高沿经济利润曲线上升的概率,采取重大举措至关重要。因此,认识到重大举措历来都很艰难,这不过是万里长征的第一步。我们必须继续向前,向重大举措可能成真、哪怕只是得到鼓励的地方迈进。

幸运的是,只要你打开战略办公室的窗户,将目光投向外面的世界,就可以利用这些经验和从中得到的启发改变命运。这并非因为它们是另一套数据,而是因为通过战略调整和检测,你可以改变战略办公室内的对话。你的观点将极具说服力,有确凿的证据证明重大举措的重要性。

正如我们所看到的,位于经济利润曲线中间三组位置的公司有8％的概率在10年间提升到前五分之一。采取一两项重大举措,以足够的力量拉动这五个抓手中的一两个,概率将会提升一倍以上,达到17％。三项重大举措可将概率提高到47％——这完全令人无法拒绝,如我们所见,巴斯夫、柯尼卡美能达(Konica Minolta)和朝日(Asahi)都通过多项重大举措成功地提升了在经济利润曲线上的位置。采取三项或三项以上重大举措的企业,从中间三组位置上升至前五分之一的可能性提高了六倍。

不幸的是,很少有企业会真正行动起来,它们几乎连一项重大举措都不采取。处于经济利润曲线中间位置的所有企业中,大约有40％在10年间根本没有采取任何重大举措。另外近40％的企业仅采取了一项重大举措(见图7-1)。

图7-1 重大举措罕见而宝贵

只有23％位于中间分组的企业采取了两项或两项以上的重大举措

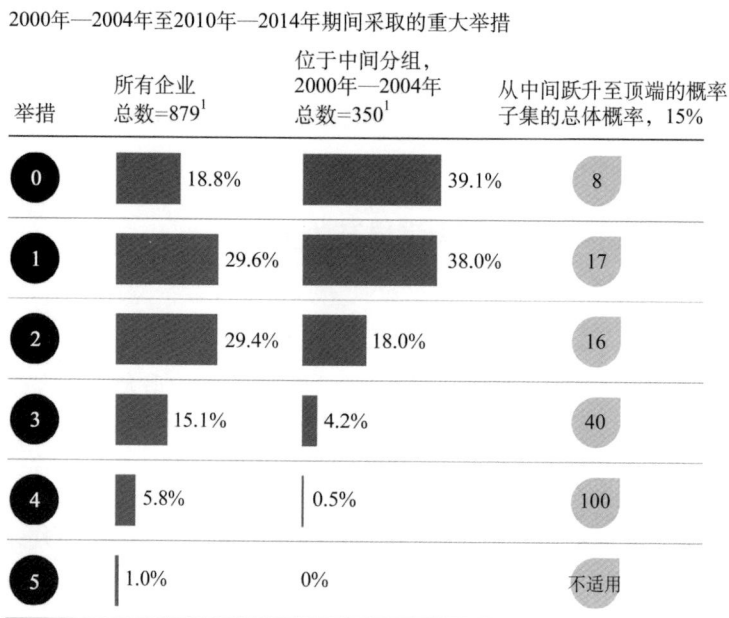

2000年—2004年至2010年—2014年期间采取的重大举措

举措	所有企业 总数=879[1]	位于中间分组, 2000年—2004年 总数=350[1]	从中间跃升至顶端的概率 子集的总体概率,15%
0	18.8%	39.1%	8
1	29.6%	38.0%	17
2	29.4%	18.0%	16
3	15.1%	4.2%	40
4	5.8%	0.5%	100
5	1.0%	0%	不适用

1 数据显示至少采取四项举措(共五项)的企业
资料来源: McKinsey Corporate Performance Analytics™

事实上,位居后五分之一的企业更加积极,这说明业绩差也是一种变革的推动力。

在 2000 年—2004 年和 2010 年—2014 年期间,我们研究的企业中有 60 家实践了四五项举措。这些真正采取了重大举措的优秀企业中,有 40 家移动互联网公司实现了提升,而其他的同类公司也没有出现下滑的现象。请稍微想一下,没有一家实践了四五项举措的公司在经济利润曲线上下滑。如果这都不能让你思考行动起来,我们也就无计可施了。

在实践了四五项举措的 60 家企业中,有两家从中间分组提升至前五分之一,22 家从后五分之一直接跃升到了前五分之一(见表 7 - 1)。

表 7 - 1　重大举措行动者
24 家企业采取了四项或四项以上的重大举措,跻身顶端

名　称	行业	国家/地区	期初类别	期末类别
安捷伦科技公司(Agilent Technologies Inc)	生命科学器材和服务	美国	底部	顶部
拜尔集团(Bayer AG)	制药	德国	底部	顶部
加拿大贝尔(BCE Inc)	综合电信服务	加拿大	底部	顶部
中国中信股份有限公司	综合性企业集团	中国香港	底部	顶部
大陆集团(Continental AG)	汽车零部件	德国	底部	顶部
康宁公司(Corning Inc)	电气设备、仪表及零部件	美国	底部	顶部
直播电视集团(DirecTV)	传媒	美国	底部	顶部
华特迪士尼公司(Disney (Walt)Co)	传媒	美国	底部	顶部
固特异轮胎橡胶公司(Goodyear Tire & Rubber)	汽车零部件	美国	底部	顶部
哈里伯顿公司(Halliburton Co)	能源设备与服务	美国	底部	顶部

（续表）

名　　称	行业	国家/地区	期初类别	期末类别
哈里斯公司（Harris Corp）	通信设备	美国	中部	顶部
日本航空株式会社（Japan Airlines Co Ltd）	航空公司	日本	底部	顶部
株式会社小松制作所（Komatsu Ltd）	机械	日本	底部	顶部
三菱电机株式会社（Mitsubishi Electric Corp）	电气设备	日本	底部	顶部
孟山都公司（Monsanto Co）	化工	美国	底部	顶部
诺斯洛普格鲁曼公司（Northrop Grumman Corp）	航空航天和国防	美国	底部	顶部
精密铸件公司（Precison Castparts Corp）	航空航天和国防	美国	底部	顶部
雷神公司（Raytheon Co）	航空航天和国防	美国	中部	顶部
罗杰斯通信公司（Rogers Communications）	移动通信服务	加拿大	底部	顶部
罗尔斯·罗伊斯控股有限公司（Rolls-Royce Hldgs Plc）	航空航天和国防	英国	底部	顶部
斯伦贝谢有限公司（Schlumberge Ltd）	能源设备与服务	美国	底部	顶部
喜达屋酒店与度假村集团（Startwood Hotels & Resorts）	酒店、餐饮与休闲	美国	底部	顶部
泰勒斯电信公司（Telus Corp）	综合电信服务	加拿大	底部	顶部
二十一世纪福克斯公司（Twenty-First Century Fox）	传媒	美国	底部	顶部

资料来源：McKinsey Corporate Performance Analytics™

这一组的企业包括：重型机械制造商小松集团、酒店运营商喜达屋酒店、传媒巨头迪士尼和二十一世纪福克斯、加拿大泰勒斯电信、航空航天和国防供应商罗尔斯·罗伊斯控股、精密铸件、哈里斯公司、雷神公司和诺斯洛普格鲁曼以及其他著名品牌，包括日本航空、固特异和三菱电机等。经济利润的增长不一定会伴随销售额的提高。例如，这一阶段的后期，固特异是在营业收入下滑的情况下实现利润率增长的。

通信技术公司哈里斯在这 10 年间采取了五项重大举措中的四项：系统化并购与剥离(M&A&D)、动态重新配置资源、在劳动力和管理方面提升生产力、毛利率提升方面的差异化。请参考图 7-2 中它们的变化量表。哈里斯公司还受益于行业大趋势、低债务和过去较高的研发支出。实践了 10 种流动性特征中的 7 种，也是哈里斯公司有 80％的概率从经济利润曲线

图 7-2　哈里斯公司的变化量表

四项重大举措加上有利的行业趋势，将哈里斯公司推到曲线的顶端

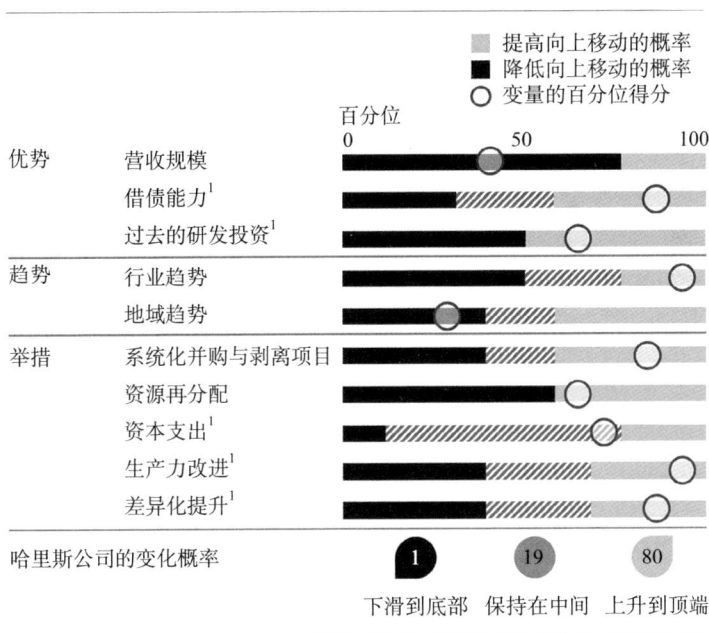

1　相对于行业

资料来源：McKinsey Stategy Practice（出奇制胜模型 v. 18. 3）和 Corporate Performance Analytics™

中部提升至顶端的原因所在。在此 10 年期间,相关举措创造的股东总回报实现了 13％的年复合增长率。

康宁的故事

在此 10 年期间,康宁采取了所有的五项重大举措,一举从曲线底部跃升至顶端。公司的销售效率提升了 80％,毛利率提高了 14％,销售管理费用占比下降了 30％;在资本支出上花费 140 亿美元,在收购上净花费 32 亿美元(12 项收购,9 项剥离)。虽然起点处于后五分之一,但是康宁为自己赢得了 78％的概率至少提升至中间三组,以及 49％的概率提升至前五分之一。

康宁的年均经济利润提高了大约 17 亿美元。特别要指出的是,90％的经济利润提升要归功于公司本身,是康宁的重大举措而非市场或行业因素带来了这一变化。

康宁的故事要比数字本身更为迷人。这家历史悠久的公司有着辉煌的过去,曾经为托马斯·爱迪生的灯泡生产玻璃,为阿波罗的登月着陆器生产窗户,并生产了世界上首条光纤电缆。但在 21 世纪初,康宁却面临着严峻挑战。由于在电信业务上投资巨大,互联网泡沫的破灭使其遭受沉重打击,收入腰斩,利润变为巨额亏损,股价从 2000 年 9 月的高峰跌至 2002 年 10 月的谷底,跌幅高达 99％。

康宁的复兴方案是平衡业务结构,严控成本基础,同时继续投资于研发和长期增长机会。面对股东的短期压力,最后一项举措尤为难得。依靠这些重大举措,康宁一举翻身,创造了令人瞩目的成绩。

下面我们来详细分析这五项重大举措以及它们为何如此重要,过程中将穿插一些例子。

系统化并购与剥离

75％的并购终将失败的偏见早已被打破。它仅仅是基于与"见光死效应"有关的统计数据,并未反映企业价值创造的实际情况(而且还有许多规模较小的交易并未公布,而其累积影响却是不可忽视的)。并购确实是促进增长的一大抓手。但成功与否很大程度上取决于企业选择的并购方案类型。[1]

务实的并购是最稳妥的道路。我们的研究发现,最成功的并购方式是持续多次采购,平均每年至少进行一次,10 年累计金额达到市值的 30％以上,但任何一项交易的金额不会超过市值的 30％。满足这一并购标准的企业突破了众多障碍,最终完成了重大举措。

这些发现具有极为重要的意义,因为并购需要通过不断的交易锻炼相关能力,需要通过实践逐步积累一系列能力。通过多年(常常会持续数十年)务实的并购,企业将真正成为识别收购对象、精通谈判和整合艺术的行家里手。

而实践太少的企业即使面对仅有的几项交易也很难做好。俗话说熟能生巧,我们的研究也发现,数量较少而规模较大的交易往往会损害企业的价值创造。

康宁证明了这一举措的价值。它们始终努力保持充分的并购意向项目,约为年度预算的 5～10 倍,以便通过收购增加收入。根据康宁的观点,每年完成 3 项交易意味着需要对 20 家公司开展尽职调查并参与 5 家竞购。

如我们在认识和应对趋势的重要性章节中所介绍的,施普林格和 WPP 也证明了务实并购的价值。

德国出版巨头施普林格在 2006 年—2012 年期间完成了 67 项收购,其中大多数为小型收购,主动推出 90 种新刊物并剥离了 8 种,果断地实现了从纸媒向数字媒体的转型。公司严格的并购方法使其在数字时代牢牢站稳了脚跟，10 年期间的股东总回报保持了 10％的年复合增长率。

全球营销巨头 WPP 是务实并购的一个典范，虽然在本书撰写之时公司的发展势头有所减弱。早年，WPP 在成功地从工业制造向营销服务转型后，重大并购成为它在新行业实现规模化发展的最快途径。1987 年，WPP 以 5.66 亿美元的价格收购智威汤逊（JWT）；1989 年，以 8.64 亿美元的价格收购奥美（Ogilvy）。这些收购项目确实很大，WPP 也承认其资产负债表不再游刃有余。但从那以后，WPP 的并购开始务实起来，成为它最强有力的优势之一。在本书所取样的 10 年期间，WPP 完成了 271 项收购（相当于每两周一项以上），比排名第二的阿尔法贝塔公司（Alphabet Inc，谷歌的母公司）所完成的交易数量多 60％。取样开始时，WPP 位于经济利润曲线的中部，平均经济利润 800 万美元，而到取样结束时，它已经进入前五分之一，平均利润达到 6.77 亿美元。在此期间，公司创造的股东总回报实现了 11％的年复合增长率。

持续不断的并购有利于避免"反思诅咒"。此外它也可以增强你的业务能力。并购以及合并后整合项目的能力不是与生俱来的，而是通过不断的实践才能掌握的。

积极的资源重组

在三明治上抹花生酱味道不错，但资源重组工作和味道无关，"抹花生酱"方法无法确保将资源（资本、营业费用和人才）配置到公司最重要的增长机会上。平均分配资源会让那些无意或无法取得重大突破的部门获得过多的资源，而让那些本可以把握重大机会的少数部门缺乏可用的资源。战略的人性面会导致"抹花生酱"的倾向，在资源配置决策上产生惯性。

所需的资源重组并不局限于行业、地区、经营部门、业务单位、项目、产品或客户群，其范围涵盖了以上的所有方面。打破惯性，将资源从低绩效部门释放出来，然后转移到高绩效部门，将会在企业各个层级创造价值，不论

"通过恰当的预算分配，你将可以看到跨越时空的经济利润。"

你如何定义这些部门。当然，问题在于，在一个资源有限的世界里，向某个部门重新配置资源意味着要减少另一个部门的资源，这也是摩擦和惯性的根源所在。

接下来的这个事实可谓说到了每个 CEO 的心坎里：在这个 CEO 的任期快速缩短的时代，在任职最初几年积极向新增长领域重新配置资源的CEO 保住饭碗的时间一般要比那些迟迟不愿行动的同行更长。[2]

动态的资源重组会创造价值。分析结果十分明了。在 10 年内跨业务部门转移 50％以上资本支出的企业，与资源调配力度低于这一水平的企业相比，同期创造的价值要高出 50％。同样，仅仅转移一些是不够的。必须跨过 50％的门槛才能显著提升进入前五分之一的概率。

英国的一家消费品公司利洁时（Reckitt Benckiser）在决定重新选择经营重点时采取了一项重大举措，两周内就将前景看好的领域的资源配置系数增加了 250％。维珍（Virgin）的理查德·布兰森（Richard Branson）堪称资源重组的领军人物，他也由此积累了大约 50 亿美元的个人财富。他最初经营唱片店，后来转向音乐领域，接着是民航业。他所在的维珍集团现在控制了 400 多家公司，但他仍在不断向前景看好的领域重新配置资源，例如可再生燃料、医疗保健甚至太空旅行和埃隆·马斯克（Elon Musk）的

Hyperloop 超级高铁项目。

早在 2017 年下半年同意向华特迪士尼出售价值 524 亿美元的资产之前，二十一世纪福克斯公司就已经调配资源用于支持媒体消费习惯的变化了。福克斯公司退出了传统纸媒，专注于电影内容和广播。2001 年，新闻集团(News Corp.)50％的营业收入都来自纸媒，仅有 6％来自有线电视网络节目；在剥离纸媒资产并改名后，二十一世纪福克斯公司三分之二的营业收入都来自有线电视，并且没有一分钱来自纸媒。在此 10 年期间，股东总回报保持 10％的年复合增长率。

2011 年万豪敦出任飞利浦 CEO 时，公司开始剥离其传统资产，包括电视机和音响业务。在此次结构调整完成后，飞利浦通过将资源重新配置到更有前景的业务(以口腔护理和医疗保健两个领域为主)和地区，成功地使公司的增长再次焕发活力。例如，飞利浦开始尝试管理 340 多个业务维度和市场维度交叉组合单元的业绩和资源配置，包括中国的电动牙刷和德国的呼吸护理业务。增长由此加速，其面向消费者的业务曾经是公司里业绩最差的，五年后却遥遥领先。

百年老店丹纳赫(Danaher)一直积极进行资源重组，以此让公司保持活力与创新。丹纳赫最初是一家房地产投资信托公司，现在旗下拥有一系列科学、技术和生产制造类企业，覆盖了生命科学、诊断、环境和应用解决方案以及牙科等领域(但是这些领域也会定期接受评估和再次裁减，以避免资源配置上的惯性)。

丹纳赫确保让自身的结构和流程能够创造资源流动性，以便在任何时间点追逐最佳机会。公司采用类似于私募股权企业的方法，管理团队一半的时间都专注于资源的重新配置，包括并购机会、内生性投资机会和剥离投资机会。丹纳赫之所以取得成功，一个基础性的流程——丹纳赫的业务系统 DBS 功不可没。该系统运用精益生产和持续改进等概念，识别最佳的投资机会，推动运营改进以释放资源，在所收购的业务中形成世界一流的能力。[3]

在我们的研究期间,丹纳赫始终位居前五分之一,但通过动态资产重组、业务模式差异化以及务实的并购等重大举措新增了 5.12 亿美元的经济利润,进一步提升了它在经济利润曲线上的位置。在此 10 年期间,股东总回报保持了 12% 的年复合增长率。

图 7-3 显示了丹纳赫是如何积极主动重组资本的。

图 7-3 丹纳赫的动态资源再分配
丹纳赫大幅将资本支出从原有领域转向新领域

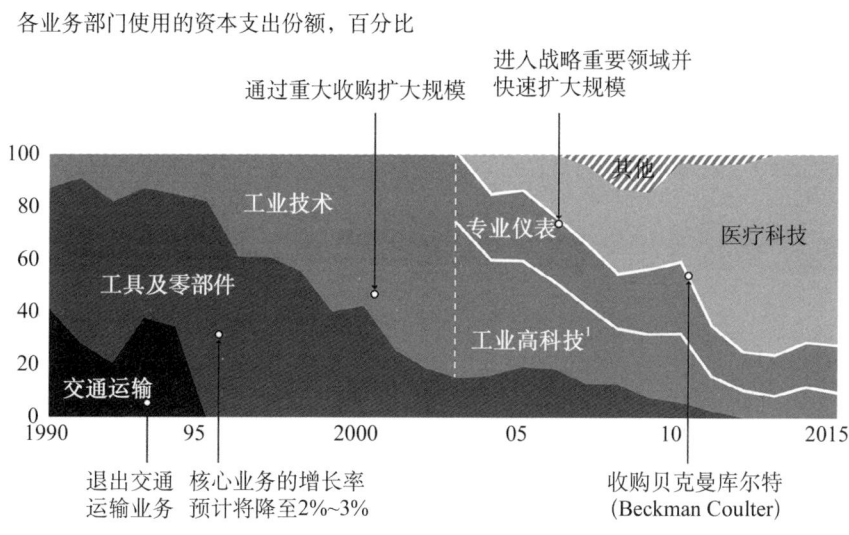

各业务部门使用的资本支出份额, 百分比

1 该部门于 2003 年分拆为专业仪表和工业高科技两部分
资料来源:Compusat、年度报告

重新配置不限于业务板块之间的资本支出。业务内部的重新配置也十分重要,运营费用的重新配置也是如此。北美的一家综合性工业集团按产品线分析其在美国各市场板块的研发和销售支出。它使用一种分析流程来寻找属于"维持"类的产品,特点是虽可盈利但不一定最有吸引力,其主要目的是维持当前利润率而非追求增长。这种流程使用多个筛选条件来寻找

"维持"类产品：该产品是否会稀释利润率？是否会稀释增长？它的市场是否有吸引力？公司是否在该市场拥有战略优势？该产品是否重要到需要释放可观的资源？该产品与整个组合内的其余部分是否充分独立(以降低因减少配置导致的负面溢出效应)？公司在80种产品中找到了15种"维持"类产品，从这些产品中可以释放3 500万～4 500万美元的研发和销售支出以进行重新配置，约占该部门配置总额的10％。

如欲重新配置，必先减少配置

一切听起来都很美妙，但资源的重新配置往往并不容易。如果资产负债表并不宽裕，在第一轮年度工作计划(一般在10月31日)之后很明显没有资源可供调配，则此时重新配置资源的尝试更令人叹服。此外，当具有重要战略意义的并购机会出现时，你可能恰好没有资源。

突然从某个部门抽走资源的难度要远远高于分发资源，因此你需要提前计划。在1月削减资源将有利于在8月分发资源。

识别可能的失败者通常要远比识别可能的成功者容易，我们认识的大多数高管都非常善于认同哪个业务将会失败(除非是他们自己负责的业务)。因此，你只能削减一些部门的成本。你还可以通过筹集资本以及出售资产或业务来储备资源。

战略的人性面会导致资源配置工作变得很困难。惯性的影响很大，组织壁垒也是如此。我们往往不会注意我们的资源是否用在刀口上，也不关注资源的共享或转移方式。沿着公司的组织结构往下看，你会发现内部视角变得越来越牢固。

强健的资本方案

第三项重大举措是要比行业扩张得更快。当你的资本支出/销售额比率在至少 10 年内都超过行业中间值的 1.7 倍时,则应在重大举措中增加资本支出工具。

成功的资本方案会进行项目进展管理:不要只投资你知道"合算"的方案;一定要投资一些风险略高的中期方案,以及一些风险甚至更高的长期方案;一定要确保投资项目储备充分。

在互联网泡沫破灭、市场对半导体的需求急剧下滑时,台湾半导体企业台积电(TSMC)成功实现了逆周期增长。在危机最严重的时候,台积电购买了关键设备,做好了需求随时回升的准备。危机发生前,台积电与竞争对手势力均敌,但凭借在危机最严重时的投资战略,危机结束后,它很快遥遥领先。这为后来其技术领先地位的确立奠定了坚实基础,使其一跃而成为全世界规模最大、最成功的纯半导体制造企业之一。在此 10 年期间,公司的总股东回报保持在 15% 的年复合增长率。

加拿大国家铁路公司(Canadian National Railway,简称 CN)借助一项重大的资本支出计划跃升至前五分之一。2005 年—2014 年,该公司在资本支出上花费了 170 亿加元,高达该公司 2004 年总资本的 85%。但投资并非杂乱无章地铺开,公司铁路网络的线路里程在此期间基本未变。大部分轨道资本支出都用于维修和升级,以提高网络的运能和运营效率;例如建设更长的调车线以支持更长的列车。在此 10 年期间,股东总回报保持了 18% 的年复合增长率。这使原先的国有加铁公司成为有史以来最成功的私有化案例之一。

对于福特斯克金属集团(Fortescue Metals),机会在于趁铁矿石价格强劲时建设旗下的皮尔巴拉(Pilbara)矿山,最终从无到有,缔造了一家重要的全球性矿业公司。而对于帕特里克-史蒂夫多雷斯公司(Patrick Stevedores)而言,机会在于用自动化代替人工劳动,提高吞吐能力,降低成本,增强安全性,并且赢得与工会谈判的一些资本。

当然必须要保证投资流程真正严谨和稳健。如果项目不能创造至少与资金成本相当的回报,那么实际上就是在破坏股东价值。同样,这也是我们在观察经济利润曲线时,利用经济利润来衡量财务表现的原因。经济利润是指扣除资本费用后的利润。

资本支出须谨慎

资本支出本身并不能保证战略的成功。如无相关的需求作为支柱,额外的产能就是过剩产能。资本支出的结果可能为正,也可能为负,这取决于是否基于优势资产或洞见。不同于其他重大举措,资本支出明显是不对称的:其他举措不仅可以提升公司在曲线上上移的概率,同时还会降低业绩下滑的风险。而资本支出更像是放大器,可能加速成功,也可能加速失败。

桑托斯(Santos)的案例就值得我们警醒。这家澳大利亚天然气公司的合同一直与原油挂钩,2011年—2014年,它大力使用资本支出杠杆,四处投资开发新项目,并扩大现有的铜矿资产。金融危机后原油价格暴涨,稳定在大约每桶100~120美元的水平。4年时间里,桑托斯投入了大约100亿美元的资本支出,这在项目投产前带来了极其高昂的成本,严重拖累了公司的经济利润。在大举投资期间,桑托斯滑落至经济利润曲线的后五分之一。也许这本来也没什么,因为大项目的投产和创造价值都需要时间,但2015年油价惨遭腰斩,始终未能完全回暖。毫无意外,桑托斯发现公司很难处理后续的现金流问题。

出色的生产力改进能力

生产力改进方案是管理层最青睐的工具。它们在管理层的控制之下,具有相对的确定性。丰田(Toyota)等公司的发迹就依赖于其先进的生产力优势。但是,每个人都在做这类方案,它们真的有效吗?是否真的有助于保持企业与行业齐头并进的势头呢?

生产力改进方案在你设置了明确的标准时才真正具有意义。你必须在

10 年内实现比行业中间值高 25％的生产力改进。如果行业生产力每年提升 2％,那么你必须每年稳定地提高大约 2.5％。这看起来不太高,但很少有公司能够做到在 10 年间比行业内其他企业高 25％。

这通常需要公司采取与众不同的方法,并付出非凡的努力。根据我们的经验,六西格玛、精益生产以及其他方法在过去几十年里极大地促进了生产力的显著改进。[4] 但比方法更重要的是生产力改进方案本身。能够促使整个组织长期稳定地提高生产力,并掌握对最终效益的影响,才是真正的差异所在。在这方面,丰田的成功主要归功于它建立了持续改进生产力的企业文化,并将其深深根植于整个公司,不断地进行巩固与强化。

"你的绩效杠杆似乎被卡住了。"

跑得虽快,但毫无效果

令我们惊讶的是,许多公司确实感觉自己跑得相当快,但是与竞争对手相比却没有任何效果。在生产力上的不懈努力最终常常会让位于定价,或者更糟糕的是,在企业的其他部门获得了收益后被丢弃,这就是可怕的"德国腊肠效应":你在这一端挤,肥油将会滑至另一端。

汽车企业斥巨资将车型的产品生命周期从 12 年缩短到 7 年、5 年甚至更短的"更新率",但是所有的同行都这样做,也就没有哪一家能够获得持续的优势。在 20 世纪 90 年代,英特尔(Intel)与 AMD 公司在芯片领域展开生产力的竞争,双方花费了数十亿美元,结果基本上还是势均力敌。这一现象令人不禁想起美国和苏联之间的军备竞赛,双方都以令人咋舌的速度发展,但没有任何一方获胜。直到 20 世纪 80 年代中期,里根总统开始大幅增加军备支出,远远超过苏联的水平,同时采取了重大举措,这才取得领先地位。

全球玩具和娱乐公司孩之宝(Hasbro)凭借在生产力方面的重大举措,成功进入经济利润曲线的前五分之一。公司曾经面临管理复杂业务组合的挑战,要通过庞大的全球外包供应网络进行管理。劳动密集型流程和不同时区之间的沟通延迟导致效率低下,随着大趋势变得不利,公司的发展再也难以为继。玩具领域收入骤降,孩之宝的财务状况受到沉重打击,出现了 1.04 亿美元的营业亏损。孩之宝启动了扭亏行动,缩小规模并专注于核心品牌(如变形金刚、唐卡、培乐多和大富翁等)以提高盈利能力。[5]

接下来的 10 年里,孩之宝不断整合业务部门和网点,投资于自动化流程与客户自助服务设施,减少人工,削减造成损失的业务部门。公司的销售管理费用占比从我们对其研究之初的平均 42% 降至 10 年后的 29%。事实上,销售效率也得到了大幅提高。在此 10 年期间,孩之宝裁减了超过四分之一的劳动力,但总收入仍增长了 33%。2000 年加入孩之宝的现任 CEO 布莱恩·戈德诺(Brian Goldner)功不可没。他接手了公司陷入困境的美国玩具业务后,成功推出了变形金刚系列。在此 10 年期间,孩之宝的股东总回报保持了 15% 的年复合增长率。

德国化工企业巴斯夫(BASF SE)凭借良好的优势和利好的行业趋势,成功地从经济利润曲线中部跃升至顶端,但它不满足于此,在高起点的基础上采取了三项重大举措:务实的并购、资源再分配,以及更重要的,同时改进费用开支和销售效率。在此 10 年期间,这些举措帮助公司的股东总回报实现了 17% 的年复合增长率。

巴斯夫非常重视资本回报率。董事长贺斌杰(Jürgen Hambrecht)2004

年掌权后,赚取"高于资本成本的收益"成为其 10 年战略计划的第一步。这意味着业务经营要尽可能高效,新的资本投资要非常审慎。

巴斯夫认为,生产力是"强化竞争力"的必要手段。[6] 公司的生产力改进与化工行业的同行相比尤其突出。在此 10 年期间,巴斯夫成功地将销售管理费用占比降低了 40%,而行业的中间值为 25%。巴斯夫的销售效率提高了 110%,行业平均水平为 70%。现在,如果从内部视角来看,大部分管理者会为 25% 的管理费用削减和 70% 的销售生产力提升欢喜雀跃。但如果从外部视角来看,你会发现自己只是刚刚跟上脚步;在化工行业,你必须做得更好,才能让生产力向前迈进一大步,真正形成竞争优势。

巴斯夫是如何做到的? 主要从两个方面入手:实行无情的绩效管理,高度重视资本回报率;加入到全球需求增长和行业整合的大趋势中。

巴斯夫认为,公司的一体化(德语 Verbund)原则是实现世界一流生产力的关键。一体化源自巴斯夫的旗舰工厂。这些工厂可以生产多种多样的产品,从而实现灵活的产能利用率以及对生产要素的集合使用。现在,巴斯夫在全球有六个这样的工厂:欧洲、北美和亚洲各两个。一体化的概念已经不仅限于生产流程,而是贯穿了巴斯夫的各个领域,整个公司都形成了合作、知识共享、创新和高效运营的企业文化。一体化推动了资源消耗(资本、运营成本和人工)方面的效率改进。

生产力十分重要,并且对于已经处于经济利润曲线前五分之一的企业而言,它甚至比其他重大举措更为重要。设计和启动一个有效、持久的生产力改进方案绝非易事,但在机器学习和人工智能的时代,促成这些方案的新工具正在成为主流。以前从未听说过的绩效阶跃变化现在已可达成,比如在 24 个月内使研发工程团队的生产力提升高达 30%。[7]

差异化改进

第五项重大举措侧重于增强业务竞争力,包括产品、服务甚至业务模式创新的一些更重要的方面。差异化改进还涉及赢得市场份额，这是人们经常讨论的一个主题；以及定价，这虽不如创新那样迷人，但仍然是相对绩效提升的一个重要工具。

这里的差异化是指企业平均毛利率与行业平均水平的比较情况，是对公司产品和服务的客户价值进行综合评价（与竞争对手相比）的一个方法。根据我们的数据，能够对公司真正产生影响所要求的差异化水平是：30%。在10年期间，你的平均毛利率要比行业水平高30%，才能显著提高在经济利润曲线上向上移动的概率。

德国电视巨头ProSiebenSat.1利用多项创新实现了新传媒时代的业务转型，成功进入经济利润曲线的前五分之一。ProSieben电视台的一个战略是，面向可以明显受益于大众传媒但无力使用现金支付的客户推出"媒体换股权"方案，有效扩大了客户基础。一些创新代价很高，有时甚至使现有业务受损。但公司坚信行业终将发生改变，而这是一个性命攸关的大事，盈利能力倒在其次。在我们研究期间，电视台的毛利率从16%提升至了53%。

存储卡生产企业闪迪（SanDisk）采取创新的重大举措，最终提高了毛利率，10年期间的总股东回报保持了13%的年复合增长率。闪迪是一家市场前景大好的优秀企业，在资本支出、缩小电路尺寸、降低生产成本和增加产出方面均领先于行业。闪迪的产品价格高于市场平均水平，公司还大力投资贸易促进业务，并成立了一个由专业摄影师公共网络组成的闪迪超级团队，专门负责实时、持久的社交媒体推广。在此10年期间，在整个行业的毛利率事实上出现轻微下滑的情况下，闪迪成功地将毛利率从40%提高到了48%。在我们研究结束时，在良好的行业趋势之下，闪迪的平均经济利润达到了9.45亿美元，进入经济利润曲线的前五分之一。

在我们的研究初期，英国奢侈品牌时装公司博柏利（Burberry）面临身份认同危机，其奢侈品牌地位也受到威胁：

在21世纪初，公司标志性的驼色格子已经成为趣味低俗的二流子们的"制服",就是那种喜欢到处生事的白人工人阶级的典型着装。门卫和出租车司机看到头戴博柏利棒球帽、身穿博柏利夹克的年轻人会避而远之。……品牌的精英声誉似乎已经荡然无存。[8]

面对这种明显的变化,博柏利采取了包括纵向整合零售渠道在内的一系列捍卫品牌的行动。公司通过旗下的品牌商店、商场专柜和独立网点等方式大幅扩张零售网点。2004 年时,公司仅有 145 家门店,占集团销售收入的 38%;10 年后,它拥有 497 家门店并开辟了电子商务渠道,贡献了 70% 的销售收入。

通过零售渠道,博柏利可以更好地控制顾客与品牌互动的方式:从销售人员迎接顾客的方式和他们接受的培训、门店环境和商品陈列,到门店、数字化平台和直接营销之间的一致性等各个方面,都在博柏利的有效掌控之中。零售的加强实现了毛利率的提高,通过降低品牌对渠道的依赖,压缩面向零售商的中间商利润以及提高批发客户的议价能力等。毫无意外,那些采用纵向整合模式并占据优势品牌地位的零售公司(以及采取大幅度折扣策略的企业),提升其经济利润曲线位置的可能性要远远大于传统的中间市场集中零售模式。

此外,博柏利也引领着数字化零售创新的潮流。从 2006 年 CEO 安吉拉·阿伦德茨(Angela Ahrendts)上任开始,博柏利就提出了要"成为首家全面数字化的公司"。社交媒体现已成为该品牌与现代客户交流的关键工具,各大平台关注公司的用户已经超过 4 000 万人。博柏利的目标是为品牌提供无缝衔接的实体店和数字渠道互动功能。例如,位于伦敦摄政街的旗舰店推出了与产品中内嵌的 RFID 芯片呼应的数字化互动穿衣镜。销售点从收银台转向沙发,顾客可以使用 Apple Pay 等数字化支付技术。博柏利的T 台秀也以 3D 形式在线直播,新店的开张已成为前卫的数字化秀场;2014年上海门店开业时,博柏利与微信合作,让用户置身于 360 度的时装、音乐和舞蹈氛围之中。当然,这只是战略性资本重新配置的一个典型例子。

此外,博柏利还利用品牌优势打入相邻的产品线。2004 年,配饰和童装仅占集团收入的 30%。到 2014 年,这些品类对集团收入的贡献已经增长到 40%。博柏利还成功推出了高利润率的美妆产品,对集团收入的贡献也已增加到 7%。

在我们研究的 10 年间,通过加强零售和具有更高利润率的新产品线组合,投资建设供应链以满足数字化时代的需求并保持较低的供应成本,博柏利的毛利率从 59% 提高到 76%。经济利润从 9 200 万美元增加到 4.35 亿美元,理所当然地进入经济利润曲线的顶端。在此期间,股东总回报保持了 17% 的年复合增长率。

要真正做到差异化并不容易。识别可以脱颖而出的所有细分市场非常困难,创新又让许多人困惑不解。而即使找到了可以从中受益的技术趋势,在企业内部将其落到实处也没有想象中那么容易。

差异化要求着眼长期,在你面临季度业绩的重压时,要做到这一点相当困难。我们有没有为了当年的预算而削减研发预算? 一份对私有企业影响的分析结果令人震惊,非上市公司的投资速度大约是同类上市公司的两倍。关注季度盈利确实造成了短视。⁹ 我们有没有为了展示市场利好局面而牺牲部分利润、提前发布尚未成熟的产品? 对于更容易牺牲短期收益的战略举措,即使能够促进差异化改进,也几乎完全不会得到实施。

"我有长期计划,但我不记得它是什么样子了。"

你是否拿竞争优势当儿戏?

管理层的目标、激励机制和股东的长期利益经常在这儿发生冲突。在使用"检验战略的十大不变标准"[10]来检验战略的质量时,第二条标准常常会引起最广泛和最深入的讨论:"你的战略是否真正发挥了竞争优势?"换言之:"你是否加强了差异化?"

这实际上应分为两个问题。

首先,你是否了解自己竞争优势的来源? 你是否知道为什么今天在赚钱? 这些问题其实非常有趣。你问 10 个人,将会得到 10 个不同的答案。

例如,在澳大利亚的一家零售银行,领导者们希望进军海外市场。他们的逻辑是:我们非常成功,因此我们一定是比竞争对手更好的经营者。我们将进入其他市场,那里的经营不如我们本国市场高效,我们将所向披靡。但在分析该银行实际上是如何赚钱的时候,我们发现所有的经营指标并不突出。他们的产品策略是:该银行在住房抵押贷款市场占有率较高,这得益于当时澳大利亚对此类业务的需求十分旺盛。而更大的利润来源是银行在分支机构选址上非常出色。但选址是由后勤部门的两位员工来完成的,因此我们没有理由不怀疑他们在印尼或其他新市场中是否会取得同样的成功。

其次,你是否发挥了自己的优势?

在分析为什么亚洲的综合性企业集团发展良好时,我们发现,这些企业的战略完全不同。他们会平均每 18 个月进入一个新的业务领域。近 70% 的举措由并购驱动,一半的增长来自某些业务的退出,而非在相邻市场或价值链中的收购。这看上去很奇怪。但经过进一步的调查我们发现,每次收购都利用了一项重要的能力,即使这并不特别明显。这并非公司了解某一个行业,而可能是某人有特殊的关系。有的公司最初是在网络游戏领域,但熟悉监管部门,因此进入了银行业。有的公司最初从事房地产业,由于拥有土地，接着进入了大型制造业。这些战略可能看似奇怪，但其实这些公司的掌舵人非常聪明，他们非常了解如何赚钱以及如何将这些竞争优势转化为更多利润。

重大举措成就优秀战略

理解重大举措在战略中的作用，不只是理解重大举措是什么，以及每项重大举措如何发挥作用，还需要理解这些举措是如何共同发挥作用的。以下几点对于理解重大举措以及优秀战略的要素构成最为重要。

重大举措确实非常宝贵。经验让我们知道重大举措可以为公司带来巨大价值。请参阅图 7-4 中的矩阵表，它显示了根据自身优势和趋势（列）以及举措的力度大小（行），在 2000 年—2004 年位于中间位置的企业到 2010 年—2014 年的预期经济利润。

图 7-4 举措与传承的价值

举措与传承都非常重要！

2010年—2014年，以中间三组为起点的企业的预期经济利润
百万美元

	传承（优势与趋势综合）		
举措	不力的传承	一般的传承	有力的传承
有力举措	260	1 069	1 360
一般力度的举措	(22)	182	1 102
无力的举措	(70)	2	161

资料来源：McKinsey Corporate Performance Analytics™

从中我们可以发现两点：首先，从上往下看，你会看到无论优势如何，重大举措越多，收获也越多。其次，沿对角线往下看，大致而言，真正的重大举措可以"消除"原有不利条件的影响。换言之，有力的举措加不利的条件（2.6亿美元）与无力的举措加有利的条件（1.61亿美元）价值差不多。当然，如果你可以选择兼具两者，将会获得巨大的13.6亿美元预期回报。但只有极少数企业可以做到这一点。

由于经济利润曲线的上升走势十分陡峭，即使很小的概率提升也会对预期回报产生显著影响。例如，处于中间位置的企业如果将概率从平均8%提升到27%，那么其预期的概率加权价值将达到1.23亿美元，几乎是中间位置企业平均经济利润的三倍。

重大举措不是线性的。许多企业领导人会往椅子上一靠，然后说："当然，这五项举措都包括在我的战略中。"但事实并非如此。即使许多企业已经将这些举措纳入战略之中，但并没有落到实处，至少其力度不足以产生真正的差异。

我们前面已经讲到，这五项举措上的些许努力不会提高成功概率。举措不是线性的。仅仅靠一项工具也无济于事。需要足够努力才能真正创造差异化优势。例如我们前面提到，生产力的改进如果与行业平均水平大致相当，将不会起到任何效果。只有在达到一定的规模时，向上移动的概率才会提升。公司的生产力提升至少要比行业平均水平高25%才有意义。只有超越相关举措的阈值才是真正的重大举措。

重大举措必须是相对行业而言的。即使你在所有这五个指标上都取得了改进也未必能行，真正重要的是你相对同行的表现。你需要跑赢它们才能赢得竞争。在封闭的战略办公室内坐井观天，团队可能会在详细的反思中失去洞察力，忘记了自己并非行业里的唯一这一事实。很有可能，竞争对手也非常努力。管理层可能仍然认为他们的举措力度已经很大，对于如何实现利润率以及由谁具体负责可能也已制定了宏伟的计划，但事实上，大家都在做同样的事情。如果大家都将成本降低5%或推出类似的产品，优势又在哪里呢？你必须努力工作，但这仅仅是保持原样而已。

重大举措需要组合起来。如果你想真正提高概率，一项举措是不够的。举措具有累积效应。采取一项举措不错，两项会更好，三项会好得多。无须深究其中的数学原理，基本理念是，如果采取一项举措，那么从曲线的中间三组提升至前五分之一的概率会提高近一倍，第二项举措可能会将概率翻番。第三项举措则可将概率再次翻番，以此类推。这种计算公式不是十分准确，但说明了两到三项举措可以如何将最初的概率(8％)提高，并让你拥有高于平均水平的概率进入前五分之一——即使优势和趋势方面的得分平平。尽管实施一项举措也非常困难，但面对来自战略的人性面的压力，尽可能多地实施举措十分重要。

重大举措是非对称的。好消息是：五项重大举措中的四项是非对称的。换言之，在经济利润曲线上上升的可能性要大于下降的风险。虽然并购常常被贴上高风险的标签，但就公司在经济利润曲线上的升降而言，内生性增长战略的风险同样大，务实的并购不仅可以提高你在曲线上向上移的机会，同时也降低了你下滑的概率。这是真正的单边下注。提升你在整个行业中的生产力或总利润也同样如此。采取这些举措可以帮助你提高成功的概率，同时降低风险。资源重新配置会稍微增加下滑的风险，因为你可能会进入一个比当前行业趋势更差的行业，但上升至前五分之一的概率会增加近一倍。资本支出是唯一会对称增加上升和下滑概率的工具。通过增加资本支出，你在经济利润曲线上上升的概率与下滑的概率都会增加。重大的资本支出会同时放大上升和下滑的概率，而不是向其中一方倾斜，因此谨慎地选择行业和地域趋势十分重要。

高管们担心重大举措在增加上移概率的同时会带来更大的下滑风险，但是这种表述是错误的。我们现在可以证明，采用这五项举措会提高公司在经济利润曲线上上移的概率，并且降低下滑的概率。

很多公司以"稳妥为先"为借口，不树立宏伟目标，不推动企业至少在行业保持领先。

　　事实上,按兵不动可能是所有战略中风险最大的。你不仅要承受在经济利润曲线上下滑的风险,还会错过按兵不动者完全没有机会享受的额外奖励:用于增长的资本。此类资本绝大部分会流向成功者,让许多落后企业孤立无援。

　　重大举措具有累积性,但不是必杀技。不要期望某天醒来时决定提高生产力,第二天就会实现目标。相反,你会发现这些重大举措其实是长期良好习惯的积累。成功实施重大举措的公司已经将其融入他们的日常经营。正是持之以恒地坚守目标才让举措变为重大举措。

● ● ●

　　回顾一下,对优势、趋势和举措进行分析,是审视优秀战略以及如何在企业的实际环境中执行战略的新方式。我们衡量了优秀战略的概率,讲解了如何了解自己的概率,并深入探讨了提高概率并作出重大举措所需的工具。

　　现在我们可以利用外部视角来解决战略的人性面问题。这样,你和你的企业完全可以制定出优秀的战略。

　　在下一章也是最后一章,我们将从实践的角度来看如何提高成功概率。

第8章

化战略为现实的八大转变

理论唯有付诸实践才真正具有意义：化战略为现实的新途径，是要完成八大转变。

我们发现，即使在今天的大数据分析时代，人们依然将曲棍球杆作为战略的标志(尽管很少能够真正成功)，我们就是要探究这其中的原因。四五十年前人们就已经在讨论并就此撰文的许多问题(如"抹花生酱"方法)，今天仍然困扰着企业领导人。例如，他们希望将资源重新配置到更有吸引力的增长机会，但却发现资源就像胶水一样难以挪动。

阅读了前几章后，你可能会同意，就战略而言，我们正处于一个非常不同而且更令人兴奋的时代。现在，我们了解了战略成功的概率；知道可以如何提高这些概率；我们可以更好地阐述战略，即有效提升成功概率的重大举措。

但有一个问题依然存在：关于战略的人性面对重大举措的阻碍我们已经有了更深入的了解，但尚未完整地介绍如何有效地解决这些人性面障碍。我们希望能在这最后一章回答这一悬而未决的问题，也许对大多数人而言这也是最重要的问题：这些对你完成战略决策流程、领导团队、制定和执行战略以及实现更好的业绩意味着什么？

我们会坚守承诺，决不抛出新的框架，但仍然希望就如何以务实的方式改变游戏、帮助你克服人性面障碍提供一些见解。我们将提出八大转变，这是你可以改变战略办公室现状的具体指导，也是你在下星期一上午即可开始的务实转变。

这八大转变综合了我们所研究的如何解决战略的人性面的内容（见图8-1）。

图8-1 八大转变一览

1. 从 年度计划 → 到 战略决策成为一次探索研究的历程
2. 从 直接"通过" → 到 切实辩论备选方案
3. 从 "抹花生酱"方法 → 到 十里挑一
4. 从 审批预算 → 到 采取重大举措
5. 从 预算惯性 → 到 流动性资源
6. 从 "堆沙袋" → 到 坦然迎接风险
7. 从 你的数字代表你 → 到 全面业绩观
8. 从 长期计划 → 到 果断迈出第一步

转变一：从年度计划……到战略决策成为一次探索研究的历程

如果你问世界各地的企业领导人，大多数战略决策是在哪里做出的，答案将很少是"战略办公室或董事会办公室"。你更可能会听到这样的回答："计划会见高管团队前冲澡的时候"，或者"与大客户的 CEO 共进晚餐期间"。我们的一位东亚客户经常与三位风水大师一起打高尔夫，他最重要的商业决策经常是在高尔夫球场上征求这三位大师的意见后做出的（这并非玩笑）。另一些人也承认，"与其他重要的决策人一起走走"可以帮助他们调整和确定方向，减少焦虑感和对抗情绪。

战略办公室里打破了什么？

与常规计划周期同样重要的，可能是确保所有重要的问题都浮出水面，并且预算流程均已明确，而一个常规的标准化周期并不能很好地适应如今商业环境的动态特性[1]。

事实上，在解决重大战略问题的同时，确定一致认可的计划几乎是不可能的。你需要确保紧急问题优先于重要问题，并且重大问题不会被忽略。此外，这些复杂的战略问题并不是线性的，还充满不确定性，与 3～5 年计划的线性特征格格不入。

即使战略办公室内的情况很完美，真实世界也不会以整洁漂亮的年度递增模式呈现。事物总在变化，企业和你所处的市场都是如此。潜在的交易不会在董事会年度决策会上出现；它们该出现时才会出现，你需要随时做好准备。为什么不至少每周、每月讨论一些关键的战略问题和业绩，将其作为传统的年度战略计划工作的补充呢？

战略决策成为一次探索研究的历程

- 定期举行战略讨论，而不是仅限于年度流程
- 从不同维度跟踪计划组合，根据进度更新战略
- 深入洞悉前 3 年/后 3 年的滚动计划——如果你希望跟踪数字

定期举行战略讨论。 假设你将年度流程精简到了极致——我们几乎能听到你和管理层都大大地松了一口气。相反的实际情况是，你经常与团队进行战略决策的深度沟通，将其作为管理团队月度会议的一个固定议题。你开始坚持推出最重要战略问题的"实况"清单、重大举措清单以及执行重大举措的计划清单。

你在战略问题的持续交流方面更进了一步。每次举行团队会议时，你们会相互快速通报市场和业务动态，然后深入思考相关问题、重大举措和计划。你们会考虑这些东西是否依然恰当，是否需要修改抑或中止。每次开会，你们还会深入研究一个或几个关于机会或重大事项方面的话题。

跟踪你的计划组合。 战略的发展如同一系列计划纷纷穿越关卡。[2] 长期性和预期性的理念好比"实物期权"，关键是要不断学习和逐渐精通相关能力。对于 3 年规模增长方面的计划，重点是管理资本投资、实现里程碑式的发展并展现良好的用户接受度。对于短期性及高度熟悉的计划，你应该主要关注年度财务成果。系列计划本身也应当是变化发展的，需要随着时间的推移予以调整，而不是被"束之高阁"。

你的团队再也不需要编写 150 页厚的文件来作为人性面游戏和开展战略工作的基础了。你不需要到一年后才发现预想中的曲棍球杆其实不过是"毛茸背"上的一根毛发。员工将知道他们始终都会承担责任，因此"堆沙袋"或霸占资源的可能性会减少。假如他们继续那样做，过失将会更快地浮出水面，也更容易被抓住。

那些虚假的曲棍球杆大多会烟消云散。它们的出现源自五年战略与一年经营计划之间的脱节，但现在，滚动计划的出现解决了这一问题。由于你始终掌握现状以及了解为何要采取重大举措，就会更好地理解成败的真正原因所在。不会再陷入"成功是由于管理得当"而"失败归咎于一次性的外部事件"的误区。

监督滚动计划。 这种连续性方法的关键在于如何通过月度讨论形成计划和预算。你可以继续按照基础的年度流程安排工作，但更可能会改为采用滚动的 12 个月计划，根据需要随时更新。你还可以制定一个常备的 2～10 年计划，列出当你调整原始工作计划、工作重点或采取重大举措方面的事务。每个重大举措都会导致业务预期轨迹更新。你在不断地变化调整——如同我们所生活的世界千变万化一般。

战略决策流程不再墨守成规，可以更适应任何时间点的业务需求。它将成为一个持续性的自查过程：战略中的假设是否仍然成立，战略是否需要更新，或者是否要因大环境的巨变而制定新的战略。*战略决策流程蜿蜒曲折，贯穿于整个企业之中，能帮助我们应对竞争激烈的行业和快速变化的趋势。*

例如，腾讯的战略决策流程就具有极高的适应性，可以快速根据市场变化做出应对。在几年时间里，腾讯完成了上百宗收购，不断根据新的信息调整、变革和进步。腾讯的总体战略方向是建设自身的平台和培育平台上的新元素。但是通过管理团队的持续对话以及对商业环境变动的响应，其基本的重大举措已经发生了改变。

转变二：从直接"通过"……到切实讨论备选方案

大多数计划讨论工作都会在办公室提出一份方案，通过了就皆大欢喜。这时可能会发生的最令人懊恼的事情是，有人质疑计划的前提，或者就解决方案提出了不同的选项。当然我们都知道，确实需要这种更深刻的反思来得出真正有效的战略。

我们这么来看：真正的战略是就如何取得成功做出难以逆转的选择。而计划则是关于如何进行选择。然而第一步常常被忽略，尽管我们为计划贴上"战略"的标签，试图让自己心安。但如果方向跑偏，精准的计划不过是通向错误的未来。

切实讨论备选方案

- 围绕难以逆转的选择勾画战略
- 根据优势、趋势和举措调整愿望，给办公室带来外部视角
- 比较具有不同风险和投资特征的切实备选方案
- 持续跟踪假设，将意外因素纳入计划中，以便随着学习的不断深入调整你的选择
- 使用消除偏见的方法确保决策的质量

构建选择式的战略决策。如果你的战略决策与图 8-2 类似，将会如何？这将与简单地签署另一份计划完全不同。通过选择式而非计划式方案重新构建战略决策的讨论，整个情形将会完全不同。

为了建立自己的战略决策坐标，首先要确定选择的主轴线——必须是"难以逆转"的选择。将其看作下一批管理团队必须接受的事情。然后对每个选择维度提出三五种可能的选项。总体战略选项就是精选这些选项，然后组合而成。辩论和分析都应当重点关注少数最艰难的选择。

图 8-2 食品零售企业的示例决策图

真正的战略成为难以逆转的重大选择

战略决策	备选方案		乐购（TESCO）
价格定位	最低价	软折扣	**主流**	高价
范围	1 200 SKU	12 500 SKU	**40 000 SKU**
品牌	>90%自营	**50%自营**	品牌主导
忠诚计划	无	**会员卡**
网络	较小、便宜	较小、优质	**较大**
服务等级	最基本	**普通**	优质
品类结构	核心 + 一次性	专注于食品	**延伸范围**

战略决策	备选方案		奥乐齐
价格定位	**最低价**	软折扣	主流	高价
范围	**1 200 SKU**	12 500 SKU	40 000 SKU
品牌	**>90%自营**	50%自营	品牌主导
忠诚计划	**无**	会员卡
网络	**较小、便宜**	较小、优质	较大
服务等级	**最基本**	普通	优质
品类结构	**核心 + 一次性**	专注于食品	延伸范围

调整战略。如果每份战略文件都是记录了优势、趋势和举措的分析版本，包含了"概率得分"，描述了沿经济利润曲线上升的机会，将会如何？这

会不会改变战略决策讨论的框架？你不再只是浏览一遍厚厚的文件，最后说一句"好"，取而代之的是，你将看到许多传统的方法不再奏效。你必须回到原点，重新尝试。一些切实的备选方案十分必要，可以帮助你做出比过去更重大的举措。

如果我们仅仅关注得到一个"好"字然后通过，计划最终可能陷入争论的漩涡，无法进行可靠的调整。现在，基于我们对战略决策实证经验的讲解，你可以用真实的数据来检验战略。明确从外部视角来审视你的愿望和重大举措，有助于克服一些偏见，避免战略办公室的讨论因人性面因素而止步不前。那些150页厚的文件不过是要让听众分心，最终只能对方案表示"同意"，但你完全可以改变这种情形。

即使在经济利润曲线上原地不动也需要极大的努力，而大多数管理团队和企业领导人并不希望原地不动。他们希望推动自己挑战极限。问题是，"努力工作"和"挑战极限"对于如何让公司沿经济利润曲线上移基本上没有用。

经济利润曲线上的移动是*相对竞争*对手而言的——而竞争对手也在挑战极限。他们当然会这么做！我们常常听到团队抱怨CEO给他们提出了太多行动计划。问题是：哪些重大举措才是正确的，可以真正让你在竞争中领先？对这些行动计划你应当全神贯注，全力投入。请记住，竞争对手那边的情况与你们一样，他们也在办公室讨论如何增加市场份额。

20世纪90年代比尔·盖茨担任微软公司CEO时，产品评审会上长达一半的时间都在询问开发人员听到了关于竞争产品的什么消息，理论上其他人可能做什么来阻碍微软的计划。对竞争对手的关注当然帮助比尔·盖茨取得了成功，这对你也同样意义重大。

比较备选计划。你可能在想："不错——数据更多了。但那只是又一个引导人们表示同意的游戏而已，不是吗？"或许是的。但你可以努力避免这样的情况，你可以提出几个风险或收益相当的替代方案供管理层讨论，而不是给出一个重大举措。接下来，促使大家讨论应该选择哪项重大举措。或者提出具有不同资源需求和风险水平的计划方案，从而进行真正量化的权衡，而不是被迫做出"要么全盘接受，要么一切归零"的选择。

持续跟踪假设。在计划制定后的短短几周内，详细的假设就变得模糊不清，逐渐被淡忘了。预算的偏差得到了十分谨慎的跟踪，但对于相关假设（如吸收率、市场增长以及通胀率等）并没有得到同样仔细的跟踪。想象一下，如果"假设预算"像财务预算一样得到仔细跟踪会如何？

在获得认可方面，我们喜欢具体的计划，但随着真实世界浮出水面，所有不确定性日益彰显，我们开始憎恨计划严格刻板的一面。我们需要停止貌似知晓未来的计划，转而利用你拥有的信息，决定今天可以完成的事情，在战略中加入明确的触发点，以便随着对信息的深入了解做出更好的决策。把战略决策看作一次探索研究的历程（转变一），这将让这一构想成为现实。

消除决策工作中的偏见。据说沃伦·巴菲特手下有两支团队，一支红队，一支蓝队，有时他甚至还会聘用两个投资银行团队来评估可能的收购机会。一个团队为正方，另一个为反方。两个团队都可获得成交费，但仅在巴菲特决定哪一方获胜时才会支付。私募股权投资企业发现，将相反的可能性摆在一起时，超过 30% 的决策将会变得不同。这十分重要！

当然也存在许多其他不错的消除偏见的方法。我们经常使用的一种叫"预先检验法"，也就是假设一个战略（举例来讲）在两年后未能实现预期目标。[3] 随后，你开始举行团队头脑风暴会议，分析失败的原因以及本来可以如何避免。这样可确保许多重大问题提前摆上桌面。

这就是企业领导人的素质可能对公司的发展轨迹产生巨大影响的地方。停下来稍作休整，结束此前那些枯燥乏味、令人麻痹且直接通过的虚假战略讨论，给团队和自己一个真正讨论备选方案的机会。

转变三：从"抹花生酱"方法……到十里挑一

"抹花生酱"方法是重大举措的最大敌人。如果资源平摊到所有业务和运营部门，将基本无法做出任何重大举措。我们的数据显示，与同步提升每个业务或运营相比，通过一两个业务的突破提升在经济利润曲线上的位置的可能性要大得多。

为此，你必须尽可能识别突破性的机会，然后投入需要的所有资源。这意味着要让团队围绕着可能的优胜者工作——这通常也是问题开始的地方。尽管出于好意，但"抹花生酱"方法会深入影响战略流程。

从理性上说，在整个企业中识别可能的优胜者其实要比想象的容易。如果要求管理团队识别整个企业中最可能的优胜者，他们很可能会同意排在第一位的，也许是第二位的——但同意排在第七位或第八位(举例)的可能性非常低。我们对几十个管理团队进行了试验，几乎没有人觉得"十里挑一"很困难。但关键并不在这里。讨论的主题转向资源配置时才会发生问题。因为战略的人性面在这时才会显现。

要亲很多青蛙才能找到王子，似乎是一些行业的显著特点。在时装行业，人们知道十个中命中的那一个才最重要。电影、石油勘探、风险投资以及一些其他行业都是如此。但大多数其他行业没有"命中率意识"，不重视概率问题。

十里挑一

- 调整激励机制，确保团队支持资源的重新配置
- 细化竞争领域，甚至可以采取表决方式
- 从公司的角度配置资源，向机会倾斜
- 为了胜利而行动——配置足够的资源以在关键领域领先他人

调整激励机制，以鼓励资源的重新配置。 如要改变平均分配资源的模式，你需要让团队有动力来配合这一调整，并相应地推出绩效管理和激励机制。如果有人要为团队挡枪，他们需要知道为什么以及会有什么后果。根据我们的经验，需要极强的领导能力才能让每个人都支持倾斜的资源配置模式，但开展十里挑一的谈话将会重新调整预期并改变对话的性质。

确定需要细化竞争的领域。 真正阻碍动态资源重新配置的一个因素是过度统筹和平均分配。如果把一切都汇总到大的利润中心，你将无法看到机会的真正差异。相反，编制更加细致的机会图（至少要有 30 到 100 个单元格）后，就可以决定应将资源调往哪里。

还需要提一下，十里挑一的理念是碎片化形式的。它适用于公司上下各级，管理层应当识别最可能取得业绩突破的候选对象，并将资源倾注到这些领域。

我们看到有许多高管团队使用某种形式的表决来选择重点领域，以避免"抹花生酱"式的平均分配。有的采用不记名投票，有的则由 CEO 编制很大的矩阵图，将所有的机会罗列出来，通过高管勾选的方式为不同的计划分配不同的资源比例。我们发现，不论哪种方法，在大部分情况下，人们对最

佳机遇的认同都有强烈的共识。对于最有可能无效的领域也同样如此。一点也不难。真正导致意见分化、资源分散的是庞大的中间部分。

统一配置资源。不能因为你采用了一种组织方式,就以为这是看待市场的唯一方式。事实上,如果资源的配置过度采用"涓涓细流"的延伸方式,沿着公司层级向下分配,你将永远无法根据需要很好地调配资源。研究显示,资源配置决策会在公司的组织结构改变时发生巨大变化——即使其他因素保持不变。[4]

我们最近为某客户完成了一项研究,没有采用基于业务部门级别的滚动计划,而是采用了一个层级的统一计划。我们根据公司拥有的 60 个左右的可投资机会绘制了详细的曲线,而不考虑这些机会属于哪个业务部门。结果怎么样? 发生了巨大的转变。公司以更民主的流程,把资源分配到可实现"最佳平均数"的部门。

此外,我们还发现了创始人和所有者经常将所有的重大决策留给自己。因此,没有像"抹花生酱"那样平均分摊资源的动机。他们常常会与高管交流,听取关于向何处投资的意见,但决策仍然掌握在自己手里。他们更加灵活敏捷,坚决将资源配置给前景最好的计划。我们认为,在如何避免"抹花生酱"模式方面,他们堪称企业领导人的典范。

为了胜利而行动。在细化战略并做出统一的资源配置决策后,下一步将是切实转化资源以确保成功。不应只是相对于所在公司的其他机会审视资源:要记住重大举措必须是相对于外部世界而言,因此你的决策必须参照最强竞争对手在同期开展的工作。这意味着要有翻天覆地的变革。

转变四:从审批预算……到采取重大举措

我们说过,战略的人性面可能会让三年计划掩盖真正的游戏:协商第一年的内容,这将成为预算。管理层往往会对第二年和第三年的事情感兴趣,但绝对会着迷于第一年,因为就是在这一年他们经历了由开始到完结的全过程。因此我们需要变革,结束战略不过是预算开场的情形。

这些以预算为基础的讨论中,罪魁祸首之一是"基本情形"——计划中业务的某个具体版本,基于环境和公司战略的多个(基本上是模糊的)假设。在真正了解实际业务绩效的公司,基本情形很少是固定的,它更像是一个浮锚,参照点根据环境和假设上下浮动,而上一年的数据是唯一的实际参照点。基本情形显示了战略讨论过程中的内部视角。这为什么有问题? 首先,基本情形可能将企业实际所处的位置模糊化,难以看清务实的愿望应该是什么,当然也无法看到战略举措可能给这些愿望带来什么。

我们看到的许多预算和计划之间都有差距,一部分预测甚至没有说明理由。这些差距常常被归类为"日常业务",也就是管理层承诺作为公司的领导者要完成的一些工作。管理层要求提供运营费用和人员的理由仅仅是为了填补这些差距,但对为什么会产生这样的差距基本不怎么了解。而"日常业务"情形下的行动通常对部门或整个公司采取重大举措基本毫无帮助。

关于目标的讨论是否是一种羁绊呢? 设想一下你能否将这些讨论灌输到他们脑海中。不强制进行目标决策并做出不确定的承诺,你就可以关注重大举措的战略讨论以及如何击败市场的最佳理念,是这样吗? 结果会自然显露。[5]

采取重大举措

- 制定"维持现状的情景"而非基本情景
- "分解"过去的结果,分析哪些来源于趋势,哪些来源于举措
- "注意差距":检查计划是否足够重大,足以消除维持现状的基线和愿景之间的差距
- 将重大举措与竞争对手进行比较,以检测它们是否力度够大,足以带来真正的变化
- 将关于举措的讨论和关于预算的讨论分开:一个接一个地进行

创建维持现状的情景。避免这一陷阱的一个有效办法是忘记基本情景。同时挑战自己和制定战略的人,创建恰当的"维持现状的情景",尽管这可能会有点尴尬。假设企业的当前业绩将会延续上一阶段的表现,这是看待未来的一个简单版本。维持现状的情景抛开对新的奇迹般的市场份额提升的假设,忽略所有生产力提升方面的要求。维持现状的情景基本上会将经营计划精简到仅仅维持当前业务情景的最低范围,这是极有可能的发展轨迹,没有任何额外的动作。

立足于维持现状的情景有助于避免那些造成不切实际的"曲棍球杆"和"毛茸背"的首要原因。你将会对自己真正需要走多远有更好的了解,而不是一味假设基本情景中的进步会一直出现。你将看到重大举措需要发挥多大的影响力才能改变企业的发展轨迹。如果没有证据充分的维持现状的情景,将很难在战略决策讨论中区分事实和虚构。

"分解"结果。即使有了维持现状的情景,你仍然必须充分了解企业为什么会在今天赚钱。这将有利于你排除决策中关于风险承担以及经营业绩和奖励的偏见。如果不清楚到底是哪些因素在真正推动业绩,战略的人性面将会露出它狰狞的面孔,导致战略错误百出。想一想这样的情形,处于残酷竞争环境中的部门负责人费尽心力才实现了盈亏平衡,而几乎处于垄断地位的业务部门负责人则创造出巨额的利润。在大多数激励机制方面的讨论中,谁会获得更好的奖励?这将如何影响人们看待战略以及战略办公室中行为的方式?

对结果进行分解实际上并不困难,相比之下维持现状的情景通常难度更高。在分解结果时,你只需考虑业务的过往业绩并建一座"桥梁",即分离出可解释业绩变化的不同贡献因素。这是大多数 CFO 经常考虑的因素,例如汇率变动和通胀等。"桥梁"需要考虑平均行业业绩和增长、子市场选择的影响以及并购的影响。

注意差距。在对企业现状以及业绩驱动因素有了全面透彻、不偏不倚的了解后,你可以调整自己的愿望。最重要的是,你可以判断需要怎样的重大举措,以消除维持现状的情景与愿望之间的差距。你将看到未来任务的全貌，不会假设一些东西是"日常业务"，而会罗列出在维持现状的情景的基础上实现差异化所需的所有工作。如果采取消除差距的重大举措，维持现状的情景与愿望之间即使存在重大差距亦将不是问题。

让我们在战略办公室扭转目标方面的不利形势：不要仅仅提出目标或预算，而应询问每个业务负责人希望完成的 20 件事，以便在下一阶段做出一系列重大举措。然后围绕这些重大举措展开辩论，而不是假设这些举措将产生怎样的数据。我们为什么要采取这一重大举措？为什么不应采取？根据我们针对重大举措确定的风险以及资源控制阈值，公司将会发生哪些变化？

关注重点转向重大举措，也将给战略办公室引入一些非常重要但常常被遗漏的讨论（如我们之前所证明的）。并购是你可以采取的重大举措之一，但经常会对其进行单独的讨论。生产力改进和差异化是五项重大举措中的另外两项，一般会在经营业绩评审过程中进行讨论，尽管它们属于战略的差异化因素。并购、生产力改进和差异化都需要在战略讨论中明确提出，但不是在数字目标方面，而应着眼于如何将其变为重大举措，以形成相对于竞争对手的优势。

确定检测举措的基准。 无须提供 150 页厚的关于标准的详细资料，而应要求每位管理者提出一系列重大举措，根据竞争对手已经在做和预期会做的事情进行调整。如果业务负责人需要额外的资源，批准的依据应是你是否认为对方提出的重大举措可能带来真正的曲棍球杆效应，以及你是否相信他会真正落实这些举措。如果一项计划不包含重大举措，则应降低目标，减少资源。预算不要与目标挂钩，而应与重大举措挂钩。

重大举措优先，预算次之。 对重大举措的关注可以摆脱常规流程的渐进主义问题——"去年，我们完成了 X，因此今年我们也许可以完成 X 加一点点"。此外你还可以远离常规流程中的风险厌恶问题，这类流程总是同时处理所有的问题。通过这种转变，重大举措将成为优先要务。对风险的考虑显然也很重要，但已经退居第二位。

每个人都将知道，如果他们没有重大举措，无法建立落实重大举措的信心,他们将相应地失去资源。

这是让你有机会摆脱战略的人性面,彻底遗忘大多数商业教材中没有事实根据的对战略的建议。如果你希望将战略带回战略办公室,只需围绕重大举措进行战略讨论。讨论要基于事实,根据竞争对手的情况调整战略,并立足自己的经验和判断。

转变五:从预算惯性……到流动性资源

假设所有决策都围绕重大举措。我们应如何妥善调动那些临时决定的重大举措所需的资源? 比如在 10 月下旬的预算时间,我们希望采取一项重大举措,将各业务部门所有资本支出和营业费用的 15% 分配给新的增长机会。但是……哎……最终什么也没有发生。原因何在? 我们没有资源。我们无法突然从一个全面运行的业务部门抽取 10%～20% 的营业费用预算。没有一个负责任的人会这样做。

要调动资源和预算,需要确保一定程度的资源流动性。资源流动性本质上是战略通用货币,但大部分企业都付之阙如。如果你没有任何资源可以拿出来,又怎么为战略下注?

我们认为,只有当资源足以支撑重大举措时,战略和执行之间的交接才能实现。接下来才可以正式启动执行工作,并且对管理层追责。他们再也不能以资源受限为借口。

流动性资源
- 尽可能在战略需要部署资源前,着手释放一年的资源
- 采用"80% 基预算"来释放那些有争议的资源
- 向管理者收取资源使用的机会成本,让他们有动力释放资源

事先释放资源。你需要尽早开始行动——在 1 月 1 日或其他财务年度

开始的日子。这也恰恰就是需要实施重要生产力改进倡议的时候,以便在调整资源配置之前释放资源。资源也可以通过其他方式释放,如剥离、资本注入等。我们在这里强调生产力,因为战略资源不仅仅是现金。营业费用和人才同样重要(如果不是更重要),资源释放出来以后才可以进行再分配。

然后你需要下定决心。如果你希望有资源可供再分配,那么在资源释放后,你需要把握好它们。如果商业的自然法则确实存在,那么最强大的一个规律是,所有的资源都会即刻消散。一旦工程师有时间,研发部门就会提出最有创意的全新产品理念;一旦生产力改进项目释放出一部分销售力量,销售团队也会找到最有吸引力的全新业务机会。明确区分释放资源的计划与重新投资的机会,是任何重要生产力改进的基础,并且要把握好重新配置的资源。

做出"80%基"预算。你可能听说过"零基预算"——也就是每一分钱都应当接受审查,凭能力赚取。这是一个不错的理念,在特定时间和情形下具有很重要的意义。但你不可能在任一时间点知晓全年的经营状况,也不可能每年招聘和解雇整个劳动力队伍。你可以做的是促使部分重要预算每年接受大家的质疑。例如 20% 的比例,在某些情况下,10% 可能更现实。重点是让资金每年回到锅里,释放出来重新配置。请记住:如欲重新配置,必先减少配置。

一个相关的概念是通过制定很高的改进目标(区别于增长目标)来持续释放资源。与简单兑现数字目标不同,企业领导人必须通过基本业务的生产力改进以及不断完成新的增长计划,释放出一定比例的资源。

为资源赋予机会成本。一个常见的问题是,没有直接涉及具体预算的资源可能会被视为是"自由"的。例如,在许多零售企业,品类经理有促进相关品类销售和毛利率的任务。而为了取得这些成绩所需的稀缺资源,比如有限的货架空间和高成本的库存,常常并没有得到认真对待。结果,品类经理不希望放弃货架空间,也不希望削减库存,尽管这样做可以为其他机会释放资源。在零售行业,答案非常简单:使用比率法。如果按照每平方米的销售额(空间收益率)和库存收益(库存收益率)来衡量品类经理的工作,那么企业为实现更高生产力释放资源的动力会更强。其他情况下的解决方案可能更为复杂,但仍然需要找到解决方案,以确保资源的配置尽可能有效。

如果不能做到持续释放资源,战略将会受预算有限预算而变成纸上谈兵。在这个需要企业采取重大举措的大环境下,这将不会带来任何效果。如果你建立了资源流动性,就可以为战略办公室带来新鲜的空气。执行重大举措也成为可能。

恩智浦在从飞利浦公司分拆时有 14 个业务。但它逐渐将所有资源集中投向两个业务,其他所有业务的现金和人力都释放了出来。十里挑一的选择最终确定为汽车和身份识别业务。依托全面的资源转移,这些重大举措成为恩智浦的制胜法宝,这充分说明资源配置对企业的成功转型功不可没。

转变六：从"堆沙袋"……到坦然迎接风险

我们都知道,业务部门在制定战略计划时,往往会让目标负重。在公司层面汇总这些计划时,一些缓冲因素会累积成公司的负重沙袋,让"毛茸背"衍生出来。由于规避风险,公司并没有按照有利于业绩突破的方式设定目标和进行资源配置。将业务部门的战略进行加总的做法,也是我们很少在公司层面看到重大举措的原因所在：许多并购计划和其他重大方案在单个的业务部门负责人看来风险太高。这些计划从来都不会成为带入战略办公室的最终名单。

我们承认,"堆沙袋"是一个非常复杂、难以解决的问题。例如某业务部门的领导团队计划将利润率提升至销售收入的 10%。但负责人不希望承诺过高,因此他进行了调整,仅承诺实现 5 个点。然后他想,如果我有 5 个点是"自由"的,我将投资到好的增长机会。最终他获得了很大的灵活性——

"目标真的足够大吗？"

一个"沙袋"。如果利润率没有提高，他还有风险缓冲。但他可能会放弃在承诺的 5 个点之外进一步提高利润率。此外，投资增长机会还可能让他承担重大的风险，其影响要在以后才会显现。

坦然迎接风险

- 敦促公司单独讨论改进、增长和风险
- 在整个企业层面而非业务部门层面权衡风险与增长决策
- 针对"毫无遗憾的举措""豪赌"和"实物期权"采取不同的方法
- 调整激励机制和指标，以反映人们承担的风险

但我们也看到坚决反对"堆沙袋"的团队。其基本理念是摒弃目前"沙袋预算，曲棍球杆战略"的做法，通盘管理风险和投资。换言之，也就是放弃自下而上加总各部门独立预算的做法，转而建立全公司的统一视角。把各部门的曲棍球杆转变为以一系列可行的重大举措为基础的公司层面的曲棍球杆。我们会天然倾向于"堆沙袋"，毕竟每个人都在这样做。但分组讨论风险将会摒弃"堆沙袋"做法。

分解战略核心问题分别讨论。你可以将一个整合的战略检视过程分解为围绕战略核心问题展开的三次连续讨论：①改进计划以释放资源；②增长

计划以利用资源；③风险管理计划以优化业务组合。这种方法会引发多种转变。

由此促使人们讨论增长计划，而不是总说"但是"。他们会关心能够做到哪种程度，以及所需要的资源。因此，你会要求每个人提出增长计划，也许会坚持某个水平以确保每个人都有恰当的想象力和胆识。改进计划也是如此。只有在人们将最佳想法都拿出来之后，你才能开始讨论风险。

这种转变会促使人们关注改进计划，这类计划常常会被增长的讨论排除在外。并且如我们所见，转变可能产生通向战略成功的重大举措。让企业负责人将风险明确摆上桌面，这样可以改变他们一直以来的认识——如果无法缓释战略风险，他们将难保职位。他们将会分享自己对风险的了解，而不是在计划中隐瞒风险，或者认为个人风险太高而根本不向你提出计划。

在业务组合层面权衡风险与增长机会。最重要的是，现在你可以从增长贡献、改进潜力和固有风险等方面汇总所有的提议。现在你可以基于你希望公司承担的风险大小来做出决策，根据全公司的风险收益评估结果来确定战略举措的重点。

这十分重要。

通过分别进行讨论，促使人们提出关于增长和改进的重大举措。现在你可以要求更大胆的计划，例如增长 20％ 和增长 40％ 的计划。然后明确讨论风险，把所有计划的风险汇集起来并相应地进行排序。这样就从"堆沙袋"式的局部优化，转向整个企业的优化，并且对风险有了很好的理解。

你还可以针对很少能够清晰识别的宏观经济或地缘政治方面的风险因素，在公司层面进行明确的讨论。你可以根据某些风险要求业务领导人将计划下调 20％ 或 40％。这样一来，他别无选择，只能认真考虑你所担忧的风险。

根据不同的风险特征采取不同的方法。我们经常会在计划项目时将苹果和橙子掺和在一起。"毫无遗憾的举措"的效益是众所周知的，它在所有情景下都能奏效，标准化的 NPV 分析的陷阱在这里得到了完美的体现。基本的效率需求往往就属于这一类。"豪赌"是很可能会出错的高承诺决策。

在做出这类决策时你必须非常小心，并进行大量的情景分析和风险管理。"实物期权"的起点成本较低，但周期长，效益也更加不确定。由于它们通常是从价外期权开始的，一个严酷的损益分析视角就会将其扼杀，因此你几乎不会在学习和选择上进行投入。要严格谨慎，有意识地以不同的方式讨论不同类型的风险。

调整激励机制以应对风险。当然，这种转变必须转化为业绩目标和激励计划。由于可能会发生公司不希望承担的风险，导致某些负责人的计划未获批准，你必须调整他们的目标。审慎地管理激励机制会为重大举措清除障碍。

转变七：从"你的数字代表你"……到全面业绩观

与所有的变革一样，这里还存在另外一个复杂的问题：无论你做什么，你都无法单独完成。你需要让整个团队一起参与。

你无法相信有多少次管理层被动接受"夸张的目标"，也许至多只是一个 P50 计划（仅有 50％的实现概率），而到了年底的业绩考核时，对其实现的可能性又有多健忘。人们知道他们"就是他们的数字"，因此会在设定目标方面尽量迎合这一需求。怎么可能不这样做呢？

"我们想的是曲棍球杆，但得到的是冰球。"

当然，"将贝叶斯法(Mr. Bayes)请进战略办公室"，也就是将概率摆上桌面，有助于改变这一情况。就十里挑一和成功概率进行讨论，将会改变团队的结构和视角。但是如果你不全力以赴调整激励机制，从而实现整个团队思维方式的真正转变，至多也就是得到一个尝鲜效应罢了。除非整个团队都树立以公司利益为中心的责任感，否则你将很难使其全力支持调整业务所需的重大举措。

全面业绩观

- 鼓励虽败犹荣的行为，关注努力的质量
- 在激励结构中反映成功概率的高低
- 如风险较高、为期较长时，引入团队激励机制

鼓励虽败犹荣。显然，了解成功的概率是基础。你需要了解你是否接受 P30、P50 或 P95 的计划。这将为年底评价所作所为提供合理对话的基础。

当然，这要求你深究原因，但不要只针对失败。了解成功的原因也同样重要。你不希望对虽败犹荣的行为问责，同样也不想奖励瞎猫碰到死老鼠的运气。你希望鼓励的是真正有效的努力。

以戈尔特斯公司(Gore-Tex)为例，团队获得了业绩数据，然后就团队及其负责人是否"做得对"进行表决。与数据本身相比，这种表决往往更接近事实真相。

无论你如何增加自己对概率的了解，并尽量在激励机制中将其反映出来，人们都要知道，自己不会单纯因高风险的计划没有达成而受到惩罚，这点十分关键。为了提升成功概率，你必须摒弃对目标做出妥协，然后狠抓落实，不折不扣地达成结果的方法。如果你成功地在团队中建立起了共同的责任感，将会是一个非常良好的开端。

在激励计划中反映概率。我们不是要你使用"平衡记分卡"，那只不过

开启了新的人性面游戏场。平衡记分卡必然突出这种场景：作为一个团队，你永远都不知道个人在实现成绩方面最关心什么。

相反，我们建议采用"非平衡记分卡"。这种方法分为两个部分：左边是常见的滚动的财务数据集，重点关注两到三个指标，比如与部门和企业的经济利润挂钩的增长率和投资回报率。右边是一组与战略相关的计划以及支持计划的行动。这种激励机制的运行方式是：经济利润决定激励的0～100％范围。然后，每个战略变化都可以由"评估人"酌情确定是否被"淘汰"。换言之，取得结果的过程与结果本身同样重要。淘汰就意味着出局。每个因素都可能使你的奖金落空，但也存在人为的判断：同样是失败，对P50举措的处理要比对P90举措更温和。这样能改变游戏吗？肯定会带来全新的沟通！

团队作战。一些任务的期限较短，活动与结果之间的联系十分明显，容易监督，只存在很小的运气成分。在此类情况下，能强烈激励个人的详细KPI也许很合理。但对于许多其他任务，则可能会因时间延迟、合作不畅以及"嘈杂的干扰"而困难重重。这也是为什么外汇交易员有很强的个人激励机制，而学校教师则极少。

尤其是当你希望一系列举措能取得良好的结果时，你需要鼓励个人承担足够的风险，以优化这些举措的总体风险状况。我们都知道，太多的时候，个人对风险的厌恶常常占主导地位，风险较大的举措会被排除，即使这可以大幅提高团队的整体业绩。这也是为什么随着风险的增加，你希望根据团队的业绩进行个人奖励的原因。当然，其中也有平衡的因素，因为你不希望有人不劳而获。你需要确保工作妥善完成，但总体来说，如果你希望他人承担更多风险，就要把更多的共享成分融入个人激励中。

转变八：从长期计划……到果断迈出第一步

如我们所见，下面的情况始终存在：甚至创始人、董事长、重量级 CEO

以及一些最引人注目的企业领导人也深陷其中不能自拔。他们制定令人激动不已的宏大计划。他们对于结果和业绩水平有着美好的愿景。行业领先地位也被视为理所当然。但许多人最终会面临这样一个问题：美好的愿景和豪言壮语与真正的战略无关，与如何实现愿景的实际重大举措无关，特别是，与朝着正确的方向迈出第一步也无关。让员工为实现愿景努力很不错，但你如何知道他们下一步会做什么？

大部分管理者会倾听愿景，制定他们认为可行的渐进计划并尽可能执行。这些计划常常会让公司走上这样一条道路——既不会实现愿景，也无法发挥企业的全部潜力。

战略的执行有始才有终，因此必须要迈出第一步。这意味着在确定重大举措后，你必须将之分解为一个个比较接近的目标，可以在合理的期限（如6～12个月）内切实完成。要求团队将目标分解为可行的小步骤，不仅可以敦促团队在下一步行动上脚踏实地，还可以让你获得一份路线图，以便检查他们是否处于成功的轨道上。

敦促公司迈出第一步

- 讨论长期计划时特别关注第一步
- 从未来回溯，设置每6个月的增长指标，并制定有明确运营指标的较接近的目标
- 首先要关注行动而不是结果
- 立即匹配并调动所需的资源

关注于第一步。人们很容易将长期计划与长期措施相混淆。我们抱着这一天一切都将完美完成的憧憬离开办公室，但事实上可以真正控制的事情是现在正在做的，这就是战略的敏锐性所在。

从未来回溯。与其沉浸在想象目标的幻境中，还不如回到现实，老老实实确定里程碑标志。将整个增长过程以6个月为周期进行分段。然后自

问：我需要在*前* 6 个月完成的事务是否真的可行？如果第一步没法走，其他部分也属枉然。用战略学教授理查德·鲁梅尔特(Richard Rumelt)的话说，战略的真正艺术之一是基于现有的能力和局限性确定"接近目标"，以及我现在可以在推进战略上做到的最大限度。[6]

首先要关注行动而不是结果。 初期对计划的关注重点应该为是否已经迈出了第一步，而不是"拿出钱给我看"。过度关注财务结果的业绩谈话会太强调滞后指标：这是一种后视镜式的视角。而另一方面，麦肯锡专门的扭亏和重组专家们用了更多的时间进行检查，以确保行动已经做出，里程碑已经达到。然后如你所想，结果水到渠成。

尽早调动资源。 你可以将长期目标分解为明确的可操作指标，并查看计划是否拥有恰当的资源。我们不知多少次与客户讨论战略计划，例如新的增长业务，但当我们问及人员配备时，他们却说没有任何人手。你可能希望投入大量精力让项目真正启动，组织一系列"敏捷的短跑"以确保计划的顺利进行。

我们已经指出，重大举措仅在长期坚持时才会具有意义。这是第八个也是最后一个转变，千里之行，始于足下，每个重大举措都必须首先迈出第一步。确保资源和人员配备与关键的行动计划相匹配，也许是提升战略成功概率的最重要的一步。

例如，某保险公司的 CEO 与团队制定了愿景，认为保险业务将在 10 年内实现无纸化。很有道理，不是吗？当该 CEO 询问年度计划中的用纸量时，发现下一年预计是增长的。他若有所思地对团队说：结合我们的愿景，有没有可能明年的用纸量持平，以后逐渐递减？当然，团队无法说不，通过针对第一步提出具体的问题，这位 CEO 切实推动了战略！

一揽子方案

前面已经提出了许多务实的建议。也许太多了？但我们确信这都是我们亲眼所见并且能够奏效的。

关键在于,这八大转变是一个一揽子方案。你不能只做一部分,而不做其他的。它们之间有很明确的逻辑关系。此外,人性面像洪水猛兽一样难以抵挡。必须做足全套功夫,全面落实这些转变,否则你会打开新的人性面游戏场。让团队接受这种新的框架需要切实的干预。

应该怎么做? 你很可能会找适合自己风格、职位、团队和业务环境的方式。我们还是通过一个简单的例子说明一下:如果在采纳新的战略决策流程之前,专门从 1 年中留出 10 天进行讨论,并在这期间开展的讨论会上一一推出这些转变,结果会怎样? 这样做是否有效?

如果出了问题,那也只会是一个地方出错,并且可以在下一次讨论时纠正。我们可以假设一下,在这 10 天结束时,你无法释放可能需要的所有资源。但这很好,就以此为起点吧。你在第一个计划周期结束前获得了可以释放的资源,并将其分配给具有最高优先级的业务。这是一个开始,而更重要的是,你的团队现在理解这种新流程是怎么回事了。这将有利于你在未来提高所需的资源水平。

以下是 10 天会期的大致日程,具体可按照你认为需要的时长进行:

- **第 1 天和第 2 天**:启动会议以开始流程;讨论你需要解决的战略议题清单;讨论维持现状的情景;安排其余 8 天的讨论议题;宣布需要为相关周期释放的资源。

- **第 3 天**:介绍每个战略议题的切实备选方案;开始讨论具体的方向;确定需要做出的主要选择;更新战略议题清单和讨论顺序。

- **第 4 天**:再次介绍针对各项业务的重大举措的备选方案;更新战略议题清单和讨论顺序。

- **第 5 天**:深入讨论优先议题(按照顺序);开始十里挑一的选择;将计划按照 P50 和 P90 分类排序;进行首次表决;更新战略议题清单和讨论顺序。

- **第 6 天**:深入讨论优先议题(按照顺序);介绍针对各项业务的重大

举措；做出十里挑一的选择；更新战略议题清单和讨论顺序。

- **第 7 天**：深入讨论优先议题(按照顺序)；从增长计划、改进计划和所涉及的一系列风险的角度讨论重大举措；从公司的角度选择要执行的举措；更新战略议题清单和讨论顺序。

- **第 8 天和第 9 天**：深入讨论优先议题(按照顺序)；将计划转化为非平衡记分卡；研讨关键的成功因素和失败模式，制定风险缓释计划；委任团队；更新战略议题清单和讨论顺序。

- **第 10 天**：确定第一步行动；分解详细的前 6 个月计划；清点并更新战略议题和讨论顺序清单；恭喜！

你觉得如何？与通常的曲棍球杆和"抹花生酱"式的业务相比，这种流程是否更加切合实际，并且更有趣呢？

战略办公室

战略办公室里的新生活

你是否已为重大举措做好准备，让他们大显身手？

抑或觉得这一切听起来都太容易？
也许是这样。制定战略依然并不容易，制定优秀的战略
更需要创意泉涌。执行战略则需要坚决而富有弹性的领导力。
只有这样，企业才有机会提升在经济利润曲线上的位置。

但是，根据数十年来我们与数以百计 CEO 的交流，以及在
世界各地战略办公室和董事会办公室看到的情况，即使你展示
了以下三大关键特质——努力工作、理念新颖、富有弹性，也仍
然是不够的。战略的人性面可能会带来阻碍。它会摧垮优秀
理念，还会造成曲棍球杆资源不足，"花生酱"被平均涂抹，从而
产生令大家都失望的结果。

你必须汲取战略决策的经验，采取务实的外部视角。只有
这样才可以改变环境，在战略办公室开展更加坦诚的讨论。

然后，你才有机会就采取重大举措的战略决策达成共识。
你可以更容易地在制定团队激励机制方面做到公正，在行业状
况对业绩的影响程度和个人绩效优劣之间进行正确的差异化
考核。你有机会制定这样的激励机制，让每个人都按照符合企
业及其利益相关者最大利益的方向努力，而不是各自为政。总
之，你可以为大家创造更美好的生活，带来更有利的结果。

我们希望本书可以为你带来一些启发，了解优秀商业战略的奥妙，以及哪些东西真的有效哪些无效。但愿本书可以帮助你发现决定成败的关键因素，在你思考战略问题时在你思考战略问题时助一臂之力。现在你可以比照众多公司以及他们的实际情况，结合这些工具调整自己的战略。最重要的是，我们希望本书能够改变你利用相关信息的方式，从而在战略办公室（以及董事会）上克服战略的人性面。

"我们确实摆脱了战略的人性面。"

战略依然兼具科学和艺术的特性，但是基于本书的相关研究成果，我们现在已经掌握了一些工具，能够消除在动员管理团队和管理公司方面的长期困惑。如果你认同我们在概率方面的理念，理解本书中提升战略成功概率的做法，你将会以独到方式克服人类偏见、解决战略的人性面问题。我们坚信，如果你能做到这一点，那么你在赢得市场和为利益相关者创造价值方面的胜算将大大提高。

为什么不呢？让我们行动起来，将它实现！

附　录

本附录的内容包括：①我们的样本和方法；②有关经济利润和股东总回报的说明；③从顶端开始或底部开始的概率有何不同，本书重点讲述从中间三组开始的移动。

一、我们的样本和方法

本书相关的结果来自于麦肯锡多年的研究工作，通过量化和客观的方式评估战略按预期战胜市场的可能性。我们无意构建新的框架；只是希望找到提高成功概率的方法。

我们的数据来源。外部视角基于严格的统计分析，分析的数据集是我们可以检阅的最大且真实可信的数据集：我们专有的麦肯锡企业绩效分析数据库中包括 3 925 家大型非金融企业，涉及 59 个行业、73 个国家和地区，时间跨度长达 15 年。

时间周期。我们的样本分为三个五年：2000 年—2004 年、2005 年—2009 年以及 2010 年—2014 年。为排除干扰因素，我们取这些周期中经济利润的平均值，只考虑在这 5 年中有 3 年及以上充分数据的样本。我们在不同的起点多次重新计算模型（这是本书的一大奢侈之处，因此花费多年才最终付梓），我们通过不同时间进行验证，得到的结果一直极为稳健。

样本。就研究周期而言，2 393 家企业拥有充分的数据，足以我们长期跟踪其在经济利润曲线上的变动；这意味着在 2000 年—2004 年以及 2010 年—2014 年间，5 年中起码有 3 年的经济利润是可计算的。样本覆盖了 3 个 5 年,59 个行业,62 个国家和地区,这是贯穿全书的一致的参考点。最终样本共 2 393 家企业,2010 年—2014 年间的收入介于 7 亿~4 580 亿美元之间,中间值为 52 亿美元,平均值为 124 亿美元。最终的样本企业中,仅 101 家收入超过 500 亿美元,仅 31 家超过 1 000 亿美元。我们的样本是全球性的,但亚洲企业最多,共 945 家,其次为北美洲(744 家)、欧洲(552 家)、南美洲(72 家)以及其他地区(80 家)。

经济利润的计算。经济利润的计算基于麦肯锡专有的企业绩效分析数据,确保了数据集的可靠与"对等",覆盖了不同的企业、司法管辖区和时间。所使用的方法与我们最常用的*估值方法*一致:税后净营业利润(NOPLAT)扣除资本费用(投资资本乘以 WACC)。我们对 WACC(加权平均资本成本)的计算基于全球的行业贝塔值。但由于大多数企业的利润都以当地货币计算,所以,人为地兑换成美元计价将导致经济利润出现或大或小的变动。因此,经济利润折算为美元金额时,我们使用基于同期货币之间平均通胀差异的折算系数。

行业分类。我们使用标准普尔道琼斯指数公司(S&P Dow Jones Indices)开发的全球行业分类标准(GICS)这一公认的行业分类标准,该标准共分四级、11 个行业部门、24 个行业组、68 个行业、157 个子行业。中间两个等级对于描述性目的最有意义,均包含了 3 925 家企业的原始数据库以及包含 2 393 家数据充分企业的最终数据集,覆盖了 20 个行业组和 59 个行业。

概率模型。对于这 2 393 家企业中的每一家,我们都收集了关于它们行动的公开数据(如来自迪罗基公司的数据),并按 40 个评分变量归类。然后,我们利用多项逻辑回归模型来估算这 40 个可能的评分变量对于在经济利润曲线中上移和下移概率的影响。我们的算法进一步将这些变量筛选为 10 个变量,创建了统计上最显著和最高效的回归模型。

预测能力。为了检验我们模型的准确度,我们使用"受试者工作特征"(ROC)曲线,得分超过 80(满分 100 分)将被视为预测能力强。我们分析跟踪 2004 年—2014 年之间的变动,ROC 得分为 82.8 分。这意味着对于由一家向上移动的企业和一家非向上移动的企业组成的任何企业对而言,我们的模型有82.8%的概率会选择向上移动的企业。虽然得分很高,但基于历史数据的预测模型也可能会反映与测试变量同样多的干扰,很容易过度拟合。因此,我们针对不同的时间周期运行这一模型,但仍然得出了至少78%的ROC得分。所以,虽然我们的结果源于追溯性数据,但我们相信,它对于前瞻性预测仍有意义。

二、有关经济利润和股东总回报的说明

股东总回报仅在有意外因素时才与风险调整后的权益成本不同。因此,为了了解业绩对股价的影响,我们必须考虑预期的起点。

为此,我们将收集的样本放入 5×5 矩阵:一个轴分为五份,用于计算起点倍数中的平均企业价值/税后净营业利润(NOPLAT)倍数,另一个轴计算经济利润的后续发展(相对于初期的规模扩展)。请参阅图 A1。

图 A1　股东总回报

股东总回报与你的成绩和最初的预期有关

		从多个五分位出发[2] 2000年—2004年					
		最低	II	III	IV	最高	全部
经济利润增长[1] 五分位 十年之后的 2010年—2014年	最高	25	21	18	13	9	17
	IV	19	14	13	8	8	12
	III	15	9	5	5	4	7
	II	11	8	6	4	5	7
	最低	11	7	6	2	1	7
	全部	16	11	9	7	6	10

整个样本的平均值

1　按经济利润的变动计算,以开始的隐性成本为比例
2　按净企业价值/税后净营业利润计算

资料来源:McKinsey Corporate Performance Analytics™

在进行这项计算时，可以非常明显地看到，最理想的情形是低预期高业绩，最差的则恰恰相反。但矩阵也显示，对于高管而言，低预期起点与实现突破性的业绩一样重要。

另一个明显的结论是，无论起点倍数高低，经济利润的增长都会给股东创造更高的回报。在研究期间，业绩最好的企业实现了17%的总回报率，而在底部60%的改进者中，总回报率仅为7%。

三、从顶端开始或底部开始的概率有何不同

我们对优势、趋势和举措的总体观察以位于中间三组的企业为基准，当然并非所有企业都在这一区间。事实上，根据相关定义，有40%的企业不属于这一区间，其中一半深陷底部，另一半位于我们人人都想达到的前五分之一。而且可以确定的是，如果起点不是在中间三组，也会差异很大。

如果起点在中间三组，你只有8%的概率提升至前五分之一，但如果起点在前五分之一，你有59%的概率留在原地。

也许更为有用的是知道这一点——10种变化特征的阈值和影响将因起点的不同而差异很大。以规模为例，"大型"的定义会略有变化，根据起点的不同，发展壮大会对你的概率有不同的影响。对于一家中间位置的公司，收入跻身前20%时就属于大型公司了。如果位于顶端，你需要跻身前10%，如果位于底部，你只需要进入前30%。当发展成为大型公司时，如果起点在中间，可将你移动到前五分之一的概率从8%提升至23%；如果起点在顶端，可将留在原位的概率从59%提升至74%；如果起点在底部，则只能将你上移（至中间或顶部）的概率从57%提升至61%。

（一）曲线顶端的生活

对于起点在前五分之一的企业（图A2），通过增加资本支出采取重大

图 A2 从顶端出发时的概率

前五分之一的企业有 59％ 的概率留在顶端

留在顶端的百分比概率
总数=479家以前五分之一为起点的企业，按照等级排列

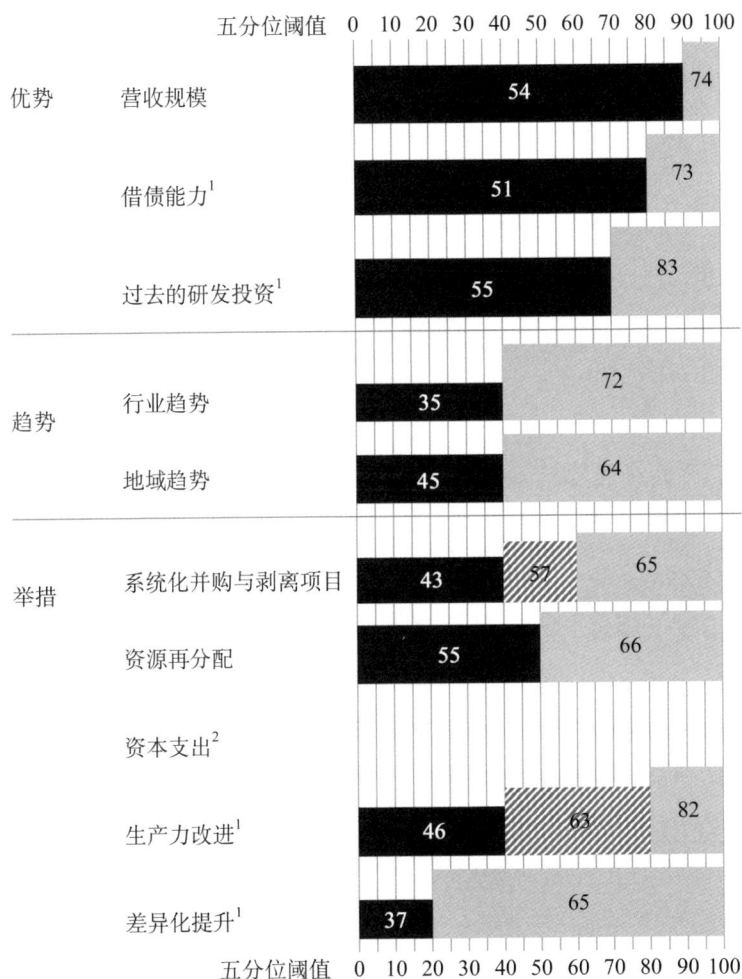

1 按行业中位数正态化
2 对于起点在前五分之一的企业,资本支出水平对其移动的概率在统计上不具有显著的影响
资料来源：McKinsey Corporate Performance Analytics™

举措对其移动的概率在统计上不具有显著的影响。但这并不是说，一旦你进入顶端，你就能停止资本支出；这只意味着此时在资本支出上领先行业不一定会提高你继续留在顶端的概率。已经属于前五分之一的明星企业组，可能已经展现了充分的投资机会以提升经济利润，因此进一步扩大资本不会带来真正的变化。或者在明星企业所处的行业，收益高于资本成本的投资机会池已经开始干涸。

与进行重大的资本支出相比，位于顶端的企业通过其他重大举措来捍卫其在经济利润曲线上的地位效果更好(寻找收购机会、重新配置资源到最佳用途、开展经营模式创新，特别是生产力改进)。起点在顶端时最重要的重大举措是生产力改进，因为投资资本的规模和较高的资本回报率已经让你取得了该地位，此时要找到能够实现真正变化的增值性投资机会(收购、资本支出重新配置或增长项目)，难度大大增加了。

(二) 曲线底部的生活

对于起点在底部的企业而言(见图 A3)，过去的研发支出似乎没有改变在曲线中上移的概率。它们最大的变数是行业趋势和资本支出，并且需要避免在差异化改进方面位于最后十分之一。

但总体而言，根据你在经济利润曲线上的起点不同，相关的优势也存在较大的差异，而其永恒不变的主题是，十大因素对于你在曲线上上移的概率具有重要意义。不论起点在哪里，自身的优势都会助力；趋势将随着时间的推移推动你前进或后退，你应当尽最大的可能调整适应；并且相对于竞争对手而言，采取尽可能多的重大举措。过去，我们在战略办公室里并没有认识到企业所处位置(顶端、底部或中间)带来的巨大不同。而现在，我们已经对此了然于胸。

图 A3 从底部出发时的概率

后五分之一的企业有 57% 的概率走出底部

走出底部的百分比概率
总数=479家以后五分之一为起点的企业，按照等级排列

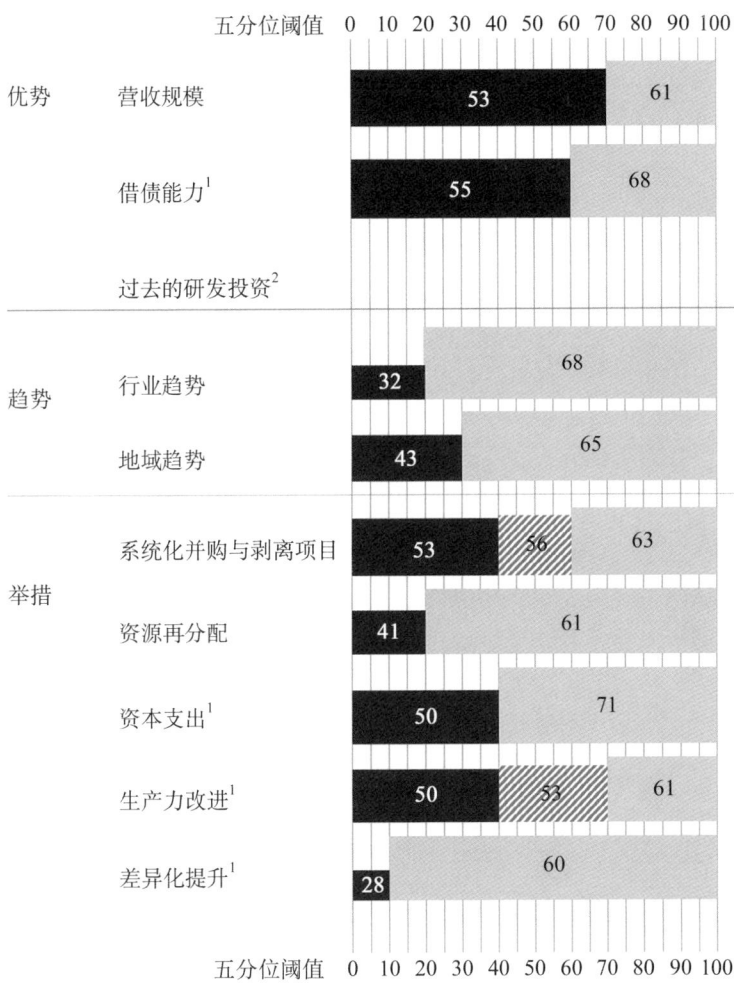

五分位阈值 0 10 20 30 40 50 60 70 80 90 100

优势	营收规模	53 61
	借债能力[1]	55 68
	过去的研发投资[2]	
趋势	行业趋势	32 68
	地域趋势	43 65
举措	系统化并购与剥离项目	53 56 63
	资源再分配	41 61
	资本支出[1]	50 71
	生产力改进[1]	50 53 61
	差异化提升[1]	28 60

五分位阈值 0 10 20 30 40 50 60 70 80 90 100

1 按行业中位数正态化
2 对于起点在最后五分之一的企业，过去的研发支出对其向上移动的概率在统计上不具有显著的影响

资料来源：McKinsey Corporate Performance Analytics™

注　释

引言　欢迎来到战略办公室

1. 最近,我们的一个新办事处通过电子邮件提出,希望就哪些书应该列入阅读书目给出一些建议,我们公司的战略实践领导人最喜欢的战略图书清单包括:《战略:一部历史》(劳伦斯·弗里德曼,2013 年)[*Strategy：A History* (Lawrence Freedman, 2013)]、《创新者的窘境》(克莱顿·克里斯坦森,1997 年)[*The Innovator's Dilemma：When New Technologies Cause Great Firms to Fail* (Clayton Christensen, 1997)]、《好战略,坏战略》(理查德·鲁梅尔特,2011 年)[*Good Strategy/Bad Strategy：The Difference and Why It Matters* (Richard Rumelt, 2011)]、《孙子兵法》(孙武,公元前 5 世纪)[*The Art of War* (Sun Tzu, 5th Century BC)]、《合作竞争》(亚当·布兰登伯格和拜瑞·内勒巴夫,1996 年)[*Co-opetition：A Revolutionary Mindset That Combines Competition and Cooperation* (Adam M. Brandenburger and Barry J. Nalebuff, 1996)]和 *The Lords of Strategy：The Secret Intellectual History of the New Corporate World* (Walter Kiechel III, 2010 年)。除了这些主流图书,书单中还包括一些只与战略有些许相关性的图书,例如《反脆弱:从不确定性中受益》(纳西姆·尼古拉斯·塔勒布,2012 年)[*Antifragile：Things That Gain from Disorder* (Nassim Nicholas Taleb, 2012)]、《信号与噪声》(纳特·西尔弗,2012 年)[*The Signal and the Noise：Why So Many Predictions Fail—but Some Don't* (Nate Silver, 2012)]和《思考,快与慢》(丹尼尔·卡内曼,2011 年)[*Thinking, Fast and Slow* (Daniel Kahneman, 2011)],书单中的一些书籍还回顾了 1776 年以来战略的历史军事根源,包括:《罗马帝国衰亡史》(爱德华·吉本,1776 年)[*Decline and Fall of the Roman Empire* (Edward Gibbon, 1776)]、《战争论》(卡尔·冯·克劳塞维茨,1832 年)[*On War* (Carl von Clausewitz, 1832)]和《冲突的战略》(托马斯·谢林经典著作,1981 年)[*The Strategy of Conflict* (Thomas Shelling's classic from 1981)]。

2. 普遍认为来自管理学大师彼得·德鲁克(Peter Drucker)。

3. 关于内部视角与外部视角的对比总结,请参见 Beware the inside view, *McKinsey Quarterly*, 2011 年 11 月,也可访问 McKinsey. com 阅读此文章,其中,诺贝尔奖得主丹尼尔·卡内曼讲述了他是如何开始思考这个问题的。为了进行更深入的研究,他针对行为经济学展开了更广泛的调查,请参见丹尼尔·卡内曼所著的《思考,快与慢》(New York：Farrar, Straus and Giroux, 2011 年)。

4. 请参见菲利普·泰洛克(Phillip Tetlock)所著的 *Expert Political Judgment*：*How Good Is It? How Can We Know?* (Princeton, NJ：Princeton University Press, 2005 年)。泰洛克举办了长达数年的专家预测竞赛,促使政治学家和国际关系学者争相比拼准确率。这场竞赛也使他得出了结论：专家预测者的知名度越高,就越容易过度自信。泰洛克说："受欢迎的专家比他们那些在远离聚光灯的地方竭力维持存在感的默默无闻的同事更加自负。"

5. 欲详细了解我们的模型,请参见附录。

第 1 章　战略办公室里的游戏以及人们参与其中的原因

1. 这些典型的商学院案例都是关于"创新者的窘境"的：具备主导性市场份额和市场领先技术的企业,未能意识到或未能应对新技术的颠覆效应。关于这个概念最初的表述,请参见克莱顿·克里斯坦森所著的《创新者的窘境》(*The Innovator's Dilemma*：*When New Technologies Cause Great Firms to Fail*, Boston：Harvard Business School Press, 1997 年)。

2. SWOT 是优势(Strength)、劣势(Weakness)、机会(Opportunity)和威胁(Threat)的首字母缩写——这是过去几十年常见的一种规划框架,用于评估内部优势和劣势,以及外部的积极因素和负面因素。

3. 请参见克里斯·布拉德利(Chris Bradley)、安格斯·道森(Angus Dawson)和安东尼·蒙塔德(Antoine Montard)共同撰写的 Mastering the building blocks of strategy (*McKinsey Quarterly*, 2013 年 10 月)。在本文中,我们明确列出了 4 种规划优秀战略的方法：公平对待所需的要素,打破你自己的迷思,让它们彼此碰撞,切勿让你的战略半途而废。了解更多打破迷思的相关理念,请参看布拉德利的系列博客：克里斯·布拉德利撰写的 Strategists as myth-busters：Why you shouldn't believe your own stories (LinkedIn, 2016 年)。

4. 请参见杰克·韦尔奇和约翰·伯恩(John Byrne)合著的《杰克·韦尔奇自传》(*Jack*：*Straight from the Gut*, New York：Warner Books, 2003 年)。

5. 也被称作"乔伊法则",普遍认为来自 Sun Microsystems 联合创始人比尔·乔伊(Bill Joy)。

6. 请参见丹尼尔·卡内曼(Daniel Kahneman)所著的《思考,快与慢》(New York：Farrar, Straus and Giroux, 2011 年)。关于本段中与以色列教科书项目有关的故事的摘要,请参见丹尼尔·卡内曼的摘录：Beware the inside view(*McKinsey Quarterly*, 2011 年 11 月)。

7. 再次参见菲利普·泰洛克所著的 *Expert Political Judgment*：*How Good Is It? How Can We Know?* (Princeton, NJ：Princeton University Press, 2005 年)。泰洛克举办了长达数年的专家预测竞赛,促使政治学家和国际关系学者争相比拼准

确率,从而得出结论:专家往往会在评估信息时使用双重标准:他们在评估那些会削弱其理论有效性的信息时,比评估那些支持其理论有效性的信息时严苛得多。另请参见菲利普·泰洛克和丹·加德纳(Dan Gardner)合著的 *Superforecasting*:*The Art and Science of Prediction*(New York:Broadway Books, 2015 年)。第二本书详细介绍了"Good Judgment Project"这一专家预测竞争,又称 IARPA(Intelligence Advanced Research Projects Agency,美国情报高级研究计划署)竞赛,从 2011 年一直举办到 2015 年。在这本书中,泰洛克对通过识别成功预测者的特点来实现精确预测的可能性比较乐观。

8. 请参见拉里·斯威德罗(Larry Swedroe)撰写的 Why you should ignore economic forecasts, *CBS Money Watch*(2012 年 11 月 26 日)。

9. 目前本书三位作者中的两位是这种情形,另一位依然没有白发,看起来像是刚刚大学毕业。

10. 这些结果来自我们在 2014 年对 159 名首席战略官进行的一项调查,意在了解战略决策流程方面的情况,这也是本书进行的研究的一部分。

11. 有一些很好的畅销书都出自这个新兴领域真正的先驱之手,让普通读者可以获得第一手的介绍。我们最推荐的 3 本是:丹尼尔卡内曼所著的《思考,快与慢》(New York:Farrar, Straus and Giroux, 2011 年);丹·艾瑞里(Dan Ariely)所著的《怪诞行为学》(*Predictably Irrational*:*The Hidden Forces That Shape Our Decisions*, New York:Harper Perennial, 2010 年);以及 Richard Thaler 所著的《错误的行为》(*Misbehaving*:*The Making of Behavioral Economics*, New York:Norton, 2015 年)。

12. 请参见埃里克·约翰逊(Eric Johnson)和丹尼尔·古德斯坦(Daniel Goldstein)在 2004 年的原创研究 Defaults and donation decisions, *Transplantation*, 2004 年,Vol. 78,No. 12,1713—1716。这篇论文和其他很多重要的行为经济学文献都出现在丹·艾瑞里的《怪诞行为学》(New York:HarperPerennial, 2010 年)里。

13. 请参见菲尔·罗森维(Phil Rosenzweig)所著的《光环效应》(*The Halo Effect and the Eight Other Business Delusions That Deceive Managers*, New York:Free Press, 2007 年)。罗森维在这本重要的书籍中指出,我们经常急于把自己观察到的行为与结果联系起来,导致得出这样危险的结论:"如果我做了某事,也可以得到那个结果。"虽然我们从理性上明白,经过精挑细选的案例、松散的因果关系、忽略的样本和幸存者偏差,都会引发糟糕的决策,但有趣的是,这些广为流传的错误思维不仅能在董事会里看到,还会出现在管理学书籍和文章中。

14. 关于冠军心态的更多信息,请参见蒂姆·考勒(Tim Koller)、丹·洛夫罗(Dan Lovallo)和赞恩·威廉姆斯(Zane Williams)共同撰写的文章 A bias against investment?(*McKinsey Quarterly*, 2011 年)。

15. 请参见多米尼克·多德(Dominic Dodd)和肯·法沃罗(Ken Favaro)合著的 *The*

Three Tensions：*Winning the Struggle to Perform Without Compromise*（San Francisco：Jossey-Bass，2007 年）。

16. 请参见德鲁·威斯腾(Drew Westen)就政治推理方面的确认偏误展开的突破性工作，例如：德鲁·威斯腾、帕威尔·布拉格夫(Pavel Blagov)、基斯·哈伦斯基(Keith Harenski)、克林特·基尔兹(Clint Kilts)和史蒂芬·哈曼(Stephan Hamann)共同撰写的 Neural bases of motivated reasoning：An fMRI study of emotional constraints on partisan political judgment in the 2004 US presidential election，*Journal of Cognitive Neuroscience*（2006 年，Vol. 18，1947—1958 年）。

17. 幸存者偏差的概念主要归功于亚伯拉罕·瓦尔德(Abraham Wald)和他的美国海军统计研究小组在第二次世界大战期间所做的工作。幸存者偏差会创造一个数据集来解释一种现象，但其中只包括可见的剩余观察对象——"幸存者"，而不包括全部可能的观察对象。在研究如何在敌人的炮火中尽可能减少轰炸机的损失时，他们发现，能在任务中幸存下来的轰炸机被击中的是不太致命的部位，于是建议加固没有被击中的机身部位。海军则希望加固机身被击中的部位，但瓦尔德和他的团队提出了一个均衡破坏的假设，以此得出结论：那些被敌军击中其他部位的飞机的损失率，远远高于遭受破坏但最终幸存下来的飞机。具有讽刺意味的是，瓦尔德和他的妻子最终在前往印度做演讲时在尼基里山遭遇空难身亡。

18. 这个有趣的词汇来自纳西姆·塔勒布(Nassim Taleb)所著的《黑天鹅：如何应对不可预知的未来》(*The Black Swan*：*The Impact of the Highly Improbable*，New York：Random House，2007 年)。塔勒布写道："2000 多年前，古罗马演说家、纯文学作家、思想家、斯多葛学派哲学家、善于操控的政治家和(通常的)正人君子马库斯·图利乌斯·西塞罗(Marcus Tullius Cicero)讲了这样一个故事：不信仰上帝的迪亚戈拉斯看到一些绘有图案的碑，上面画着一些拜神者的肖像，他们祈祷之后便在随后的海难中幸存下来。这暗示祈祷可以保护你不被淹死。迪亚戈拉斯问：'那些祈祷之后又被淹死的人的画呢？'"

19. 商业环境中目前所理解的"委托代理"问题，源自一些学者在 20 世纪 70 和 80 年代提出的一系列经济和制度理论的结合，例如史蒂芬·罗斯(Stephen Ross)、迈克尔·简森(Michael Jensen)、威廉·麦克林(William Meckling)、约翰·罗伯茨(John Roberts)等等。他们这一成果的基础是，早期的博弈论对信息不对称环境下的激励相容问题的研究。当一个代理人需要为另一个人或组织制定决策，而后者的信息、偏好、利益可能与该代理人并不相符时，就会出现这种问题。当他们之间的利益出现分歧时，通常就会涉及"道德危机"。

   迈克尔·简森和威廉·麦克林做出了一项重要的学术贡献，他们详细阐述了外部债务和股权的存在与管理者的利益之间的关系不像与所有者的利益那样直接时，会产生什么样的代理成本。请参见 Theory of the firm：Managerial behavior，agency costs and ownership structure，*Journal of Financial*

Economics(1976 年 10 月,Vol. 3,No. 4,305—360)。

约翰·罗伯茨在这本颇具影响力的书中简练地总结和应用了很多关于商业机构的想法:《现代企业》(*The Modern Firm*)(New York: Oxford University Press,2004 年),该书被《经济学人》(*The Economist*)评为当年最佳商业书籍。

20. 人们普遍认为这段话出自这对著名的搭档和投资者。我们找到的另外一个版本是:"金融行业是 5% 的理性的人加上 95% 的萨满巫师和信仰治愈者。"

21. 请参见史蒂芬·霍尔(Stephen Hall)、丹·洛沃罗(Dan Lovallo)和雷尼尔·慕斯特尔斯(Reinier Musters)共同撰写的 How to put your money where your strategy is (*McKinsey Quarterly*, 2012 年 3 月)。这已经成为麦肯锡战略实践的一个主题。请参见所列文章,如:安宏宇(Yuval Atsmon)撰写的 How nimble resource allocation can double your company's value(2016 年 8 月);史蒂芬·霍尔和考纳·基欧(Conor Kehoe)共同撰写的 Breaking down the barriers to corporate resource allocation (2013 年 10 月);迈克尔·比尔桑(Michael Birshan)、玛利亚·恩格尔(Marja Engel)和奥利弗·西博尼(Oliver Sibony)共同撰写的 Avoiding the quicksand: Ten techniques for more agile corporate resource allocation(2013 年 10 月)。

22. 关于柯达在面对科技革命时未能成功改变的复杂原因,请参见这篇优秀作品,它回顾了商业知识中老生常谈的内容:史兆威(Willy Shih)撰写的 The real lessons from Kodak's decline,《麻省理工——斯隆管理评论》(*MIT Sloan Management Review*, 2016 年夏)。

第 2 章　打开战略办公室的窗户

1. "弗拉·毛罗(Fra Mauro)地图"被视为中世纪最伟大、最详细的地图之一,它是在 15 世纪中叶由一名威尼斯传教士花费几年时间绘制的。它长宽均为 2 米左右,采用"上南下北"的方位。这张地图一直陈列在威尼斯的科雷尔博物馆。

2. 16 世纪的绘图员迪奥哥·里贝罗(Diogo Ribeiro)最重要的作品被认为是 1529 年的《皇家地图》(Padrón Real)。有 6 个副本被认为是里贝罗制作的(包括本文配图中的魏玛版),都保存在魏玛大公爵图书馆。西班牙和葡萄牙为了控制香料贸易而展开的竞争,以及麦哲伦 1522 年的第一次环球航行,共同造就了这张地图;具有重要价值的摩鹿加群岛的控制权将由地图对地球的"客观"描述来决定,但葡萄牙人里贝罗转换立场,拿到西班牙人给的钱之后,便把这些群岛画到西班牙的那一半里。

3. 请参见尤瓦尔·诺亚·赫拉利(Yuval Noah Harari)所著的《人类简史》(*Sapiens: A Brief History of Humankind*, New York: HarperCollins, 2015)。

4. 经济利润曲线分析最早出现在克里斯·布拉德利、安格斯·道森和斯文·斯密特(Sven Smit)共同撰写的 The strategic yardstick you can't afford to ignore (*McKinsey Quarterly*, 2013 年 10 月)。

5. 请参见克里斯·布拉德利、马汀·希尔特和斯文·斯密特共同撰写的 Have you tested your strategy lately? (*McKinsey Quarterly*, 2011 年 1 月)。

6. 经济增加值(EVA)也称经济利润。这是一种财务业绩指标,计算方法是从一家公司的税后营业利润中减去资本成本。关于更多信息,请参见蒂姆·考勒、马克·戈德哈特、大卫·维塞尔斯和托马斯·考普兰合著的 *Valuation*：*Measuring and Managing the Value of Companies* (Hoboken, NJ：John Wiley & Sons, 2005 年)。

7. 请参见附录,通过更加详细的图表了解经济利润与股东总回报之间的关系。关于公司财务价值的话题,请参见蒂姆·考勒、马克·戈德哈特、大卫·维塞尔斯和托马斯·考普兰的 *Valuation*：*Measuring and Managing the Value of Companies* (Hoboken, NJ：John Wiley & Sons, 2005 年);以及蒂姆·考勒、理查德·多布斯(Richard Dobbs)和比尔·休耶特(Bill Huyett)合著的 *Value*：*The Four Cornerstones of Corporate Finance* (Hoboken, NJ：John Wiley & Sons, 2011 年)。如欲了解我们如何看待股东总回报,请参考巴斯·带尔德(Bas Deelder)、马克·H·格哈特(Marc H. Goedhart)和安科·阿格拉沃尔(Ankur Agrawal)共同撰写的 A better way to understand TRS, *McKinsey Quarterly*(2008 年 7 月)。

8. 我们衡量利润时使用 NOPLAT——税后净营业利润。已投资本包括 66 亿美元经营性资本投入和 26 亿美元商誉及无形资产。换句话说,一家典型的公司有 28% 的资本代表着收购时支付的账面价值的增值。高管往往偏向于排除商誉,他们认为这更能真实代表企业的经营业绩和增值回报。我们则偏向包含商誉。第一,实证经验表明,企业增长有相当一部分来自且将会来自收购,因此计入商誉后的回报更能反映真实状况。第二,商誉是真正的投资者花费的真金白银,而且仍然需要回报。

9. "幂次定律"指的是两个量之间的一种函数关系,排除初始值影响之外,一个量的相对变化会导致另一个量的相对比例发生变化：一个量作为另一个量的幂而变化。研究发现,自然科学和社会科学中普遍存在幂次定律,许多行业领域同样如此。例如,能用幂次定律解释的现象包括分形学、恒星的初始质量、城市人口的增长,甚至风险投资的回报。

10. 这 2 393 家公司也都拥有充足而连续的数据,让我们可以完成研究。请参见附录,了解本构成的详细信息。

11. 一般而言,在齐普夫定律描述的模式中,一个项目或事件出现的频率与其在频率表里的排名成反比。英语中使用的单词就是这样一个例子。

12. 以下是 2010 年—2014 年前 40 的公司排名：苹果、微软、中国移动、三星电子、埃克森、强生、甲骨文、罗氏(Roche)、必和必拓(DHP)、沃达丰、英特尔、思科、辉瑞(Pfizer)、葛兰素史克 (GlaxoSmithKline)、诺华 (Novartis)、阿斯利康(AstraZeneca)、雀巢、雪佛龙 (Chevron)、默克、沃尔玛、可口可乐、高通(Qualcomm)、中海油 (CNOOC)、BAT、西班牙电信 (Telefonica)、联合健康

(UnitedHealth)、Gilead、赛诺菲(Sanofi)、America Movil、台积电、中国石油、百威英博(Anheuser-Busch)、奥迪、百事、雅培(Abbott)、联合利华、Verizon、奥驰亚(Altria)、安进(Amgen)、西门子(Siemens)。其中有 11 家制药/生物科技公司、8 家消费品公司、8 家科技公司、5 家国际资源公司(由于大宗商品的周期性,它们 2014 年之后已经在表单中下滑)、5 家电信运营商、一家医疗健康提供商、一家汽车公司、一家工业制造商。

13. 我们有时会对总经济利润提出质疑,因为有人感觉这项指标过于偏向大公司,而不利于拥有高利润率的小公司。可是,谁更有价值呢:是右投手能实现 100 打席数打击率 0.300 的职棒大联盟球员,还是 500 打席数打击率 0.285 的普通球员? 我们都知道应该选谁。

第 3 章 梦想很丰满,现实很骨感

1. 请参见丹·洛沃罗和奥利弗·西博尼共同撰写的 The case for behavioral strategy (*McKinsey Quarterly*, 2010 年 3 月)。

2. 更多信息,请参见克里斯·布拉德利的帖子 Hockey stick dreams, hairy back reality (*McKinsey Strategy and Corporate Finance Blog*, 2017 年)。

3. 请参见欧拉·斯文森(Ola Svenson)1981 年的论文 Are we all less risky and more skillful than our fellow drivers? (*Acta Psychologica*, 1981 年,第 47 卷,第 2 章,第 143—148 页)。

4. 请参见丹尼尔·卡内曼和丹·洛沃罗共同撰写的 Timid choices and bold forecasts: A cognitive perspective on risk taking (*Management Science*, 1993 年 1 月,第 39 卷,第 1 章,第 17—31 页)。

5. 请参见我们的合作者保罗·卡罗尔(Paul Carroll)所著的 *Big Blues: The Unmaking of IBM*(New York: Crown, 1993 年)。保罗是一名华尔街记者,曾经报道 IBM 多年。本书出版的那一年,郭士纳(Lou Gerstner)出任 CEO,开始了如今已经名满天下的 IBM 复兴计划。

6. 请参见约书亚·芬顿(Joshua Fenton)、安东尼·吉兰特(Anthony Jerant)、克里·博塔基斯(Klea Bertakis)和彼得·弗兰克斯(Peter Franks)共同撰写的 The cost of satisfaction (*Archives of Internal Medicine*, 2012 年,第 172 卷,第 5 章,第 405—411 页)。

7. "预测很难,预测未来尤其困难"这句话的不同表达源自丹麦诺贝尔物理学奖得主尼尔斯·玻尔(Niels Bohr)和后来的纽约洋基队著名球员兼教练尤吉·贝拉(Yogi Berra)。

8. 请参见纳西姆·塔勒布(Nassim Taleb)所著的 *Fooled by Randomness: The Hidden Role of Chance in Life and in the Markets* (New York: Random House, 2005 年)。塔勒布发明了"叙述谬误"(narrative fallacy)这个词来描述一种现象:为了便于理解,人们往往倾向于把复杂的事实变成过于简单的叙述。必须指出的

是，这种效应会在两个方向破坏我们的判断，削弱我们衡量未来可能性和判断过去因果关系的能力。换句话说，令我们备受折磨的不仅是过去的不确定性，还有未来的不确定性。

9. 请参见史蒂芬·霍尔(Stephen Hall)和雷尼尔·慕斯特尔斯共同撰写的 How to put your money where your strategy is (*McKinsey Quarterly*，2012 年 3 月)。

第 4 章 概率有多大？

1. 相关的高质量讨论，请参见我们的前同事安宏宇撰写的 How tales of triumphant underdogs lead strategists astray (*LinkedIn Blog*，2016 年 5 月)。

2. 你在研究这个矩阵时可能想知道的一件事情是：为什么从底部移动到顶端的概率(17%)，高于从中间移动到顶端的概率(8%)。原因在于，规模较大的公司在顶端和底部的比例过高。考虑到它们的规模，如果其资本回报率发生变化，就更有可能从底部移动到顶端，而不会停留在中间。

3. 请参见瑞士信贷的迈克尔·莫布森(Michael Mauboussin)、丹·卡拉汉(Dan Callahan)和达瑞斯·马吉德(Darius Majd)所著的 *The Base Rate Book* (2016年)。该资源(本书出版时可以在网上免费获取)根据规模等各种人口特征，列出了增长和业绩的概率分布表。这是向战略和投资中引入外部视角的好例子。

4. 人们普遍认为，这句话出自这位曾经在美国国家橄榄球联盟担任了 19 个赛季主教练的比尔·帕塞尔斯(Bill Parcells)。比尔·帕塞尔斯指导纽约巨人队拿下两届"超级碗"冠军，后来还担任新英格兰爱国者队、纽约喷气机队和达拉斯牛仔队主教练。

5. 请参见 Staying one step ahead at Pixar：An interview with Ed Catmull (*McKinsey Quarterly*，2016 年 3 月)。

第 5 章 如何找到真正的曲棍球杆计划

1. 请参见 IBM 前 CEO、曾经在麦肯锡纽约任职的郭士纳(Louis V. Gerstner Jr.)撰写的经典文章 Can strategic planning pay off? (*McKinsey Quarterly*，1973 年 12月)。我们在 2013 年重印了该文，以此作为一项回顾计划的一部分来纪念 *McKinsey Quarterly* 创刊 50 周年。早在 1973 年，他就将战略规划中的革命性承诺(新的热门管理工具)与公司内部的实际进程进行了比较。通过一种在 45 年后与我们形成共鸣的方式，他指出，根本缺陷在于"未能在当下决策中引入战略计划"。他建议读者"制定决策，而不是计划"，融入灵活性和不确定性，确保"自上而下的领导力"，而不只是汇总自下而上的观念，却不考虑关联性和权衡取舍，同时还要关注"资源再分配决策"。当 *McKinsey Quarterly* 主编艾伦·韦伯(Allen Webb)从资料中发现它时，我们才读到这篇文章，并且发自内心地感慨：日光之下无新事。

2. 请参见珍妮弗·莱茵戈德(Jennifer Rheingold)和瑞恩·安德伍德(Ryan

Underwood)共同撰写的 Was "built to last" built to last,《快公司》(*Fast Company*, 2014 年)。也可参见本书作者之一克里斯·布拉德利最近的分析 What happened to the world's "greatest" companies?, *McKinsey Strategy and Corporate Finance Blog*, 2017 年 9 月。

3. 再次参见菲尔·罗森维所著的《光环效应》(New York：Free Press, 2007 年)。

4. 这里指的是托马斯·贝叶斯(Thomas Bayes)牧师，这位 18 世纪中早期的统计学家、哲学家和长老会牧师开发了一项重要的统计技术，能在整合新的信息之后提高估算的精确度。

5. 请参见 Fading stars,[《经济学人》(*Economist*),2016 年 2 月 27 日]。

第 6 章 不祥征兆已现

1. 本章中的观点源自克里斯·布拉德利和克雷敦·欧图乐(Clayton O'Toole)，An incumbent's guide to digital disruption(*McKinsey Quarterly*, 2016 年 5 月)。在此对该文合著者克雷敦·欧图乐为本章观点提供的帮助表示衷心感谢。

2. 参见克里斯·布拉德利、马汀·希尔特和斯文·斯密特合撰的, Have you tested your strategy lately? (*McKinsey Quarterly*, 2011 年 1 月)。

3. 参见史蒂芬·霍尔、丹·洛瓦罗和雷尼尔·慕斯特斯合撰的 How to put your money where your strategy is(*McKinsey Quarterly*, 2012 年 3 月)。

4. 参见帕特里克·维格里(Patrick Viguerie)、斯文·斯米特和迈赫达德·巴加伊(Mehrdad Baghai)所著的《精细化增长：如何识别增长来源,推动持续的公司业绩》(*The Granularity of Growth：How to Identify the Sources of Growth and Drive Enduring Company Performance*, Hoopken, NJ：John Wiley & Sons, 2007 年)。

5. 世界经济论坛,全球创业与初创公司的成功增长战略报告(2011 年 4 月)。

6. 参见里德·哈斯廷斯(Reed Hastings), An explanation and some reflections, (*Netflix blog*, 2011 年 9 月 18 日)。有意思的是,该文是在事件还未公开的时候写的,因此免于历史"选择性记忆"的淘洗。

7. 参见雷·库兹韦尔(Ray Kurzweil)2009 年 2 月的 TED 演讲"A university for the coming singularity"。

8. 马歇尔·麦克卢汉(Marshall McLuhan),《理解媒介：论人的延伸》(*Understanding Media：The Extension of Man*, New York：McGraw Hill, 1964 年)。

9. 参见马克·德·卓恩(Marc de Jong)和门诺·冯·迪吉克(Menno van Dijk)合撰的 Disrupting beliefs：A new approach to business-model innovation(*McKinsey Quarterly*, 2015 年 7 月)。

10. 施普林格公开驳斥的评论,因为它的数字化复苏已经加速;如公司电子传媒总监金斯·慕菲尔曼博士(Jens Müffelmann)和并购/战略总监奥利弗·舍弗尔

(Oliver Schäffer)的一次高规格演讲。参见 Key to digitization：M&A and asset development(Axel Spinger, 2012 年)。

11. 被澳大利亚媒体广泛引用；如伊丽莎白・奈特(Elizabeth Knight)，Media rivals facing a brave new world,[《悉尼先驱晨报》(*Sydney Morning Herald*)，2013 年 6 月 8 日]。

第 7 章　采取正确举措

1. 参见维尔纳・雷姆(Werner Rehm)、罗伯特・乌兰纳(Robert Uhlaner)和安迪・韦斯特(Andy West)，Taking a longer-term look at M&A value creation (*McKinsey Quarterly*, 2012 年 1 月)。

2. 参见迈克尔・比尔桑、托马斯・米肯(Thomas Meakin)和库尔特・斯托罗文克 (Kurt Strovink)，What makes a CEO "exceptional"？(*McKinsey Quarterly*, 2017 年 4 月)。

3. 尽管因大肆流行而变得含义模糊，但仍是十分突出的概念。改进生产方法侧重于对生产过程中的低效性来源的持续改进，如浪费、变差和过度负担。精益生产侧重于减少浪费。参见史蒂芬・斯皮尔(Steven Spear)和肯特・博温(H. Kent Bowen)，Decoding the DNA of the Toyota Production System,[《哈佛商业评论》 (*Harvard Business Review*)，1999 年 9—10 月刊，第 77 期，第 5 章，第 96—106 页]。

4. 六西格玛和精益方法广泛用于通过减少浪费提高运营效率。六西格玛侧重于减少变差的可能性，精益方法侧重于消除非价值增加的环节。

5. 孩之宝,公司年度报告,2000 年。

6. 巴斯夫,公司年度报告,2005 年。

7. 基于最近通过麦肯锡的专业大数据分析服务部门 Quantum Black 开展的客户工作。

8. 参见 Burberry and globalisation：A checkered story[《经济学人》(*Economist*)，2011 年 1 月 21 日]。

9. 参见约翰・阿斯克(John Asker)、乔安・法雷・门萨(Joan Farre-Mensa)和亚历山大・伦奎韦斯特(Alexander Ljungqvist)，Corporate investment and stock market listing：A puzzle？[《金融研究评论》(*Review of Financial Studies*)，2015 年 2 月 1 日，第 28 期，第 2 页]。在此项研究中，他们比较了同类上市公司和非上市公司的投资行为。这是我们所看到最好的研究之一，证实了股票上市会诱发短期行为的观点："我们首先发现非上市公司的投资力度要远远大于上市公司……其次，我们发现非上市公司的投资决策在响应投资机会的变化方面，要比上市公司快四倍左右。"另请参见多米尼克・巴顿(Dominic Barton)，Capitalism for the long term[《哈佛商业评论》(*Harvard Business Review*)，2011 年 3 月]。

10. 参见克里斯・布拉德利、马汀・希尔特和斯文・斯密特，Have you tested your

strategy lately?（*McKinsey Quarterly*，2011 年 1 月）。

第 8 章　化战略为现实的八大转变

1. 参见克里斯·布拉德利、罗韦尔·布莱恩（Lowell Bryan）和斯文·斯密特，Managing the strategy journey（*McKinsey Quarterly*，2012 年 7 月）。我们已退休的同事、朋友和战略部前负责人多年来一直在推动这种更加注重过程的战略方法。

2. 参见罗韦尔·布莱恩，Just-in-time strategy for a turbulent world（*McKinsey Quarterly*，2002 年 6 月）。布莱恩在文中提出了"计划组合"的框架，覆盖明显不同的多个时间维度和熟悉程度。管理所有三个时间维度的增长理念，是迈赫达德·巴加伊、史蒂芬·柯利（Stephen Coley）和大卫·怀特（David White）在麦肯锡的著作中提出的，详见 *The Alchemy of Growth*：*Practical Insights for Building the Enduring Enterprise*（Reading, MA：Perseus Books，1999 年）。

3. 参见盖利·克莱恩（Gary Klein），Performing a project premortem[《哈佛商业评论》（*Harvard Business Review*），2007 年 9 月]。

4. 参见福克斯（Fox）、巴尔多莱特（Bardolet）和列布（Lieb），Partition dependence in decision analysis, managerial decision making, and consumer choice，R. 兹威克（R. Zwick）和 A. 拉波波特（A. Rapoport）（编辑）第 10 章，*Experimental Business Research*，第三期（Boston：Springer，2005 年）。

5. 参见理查德·P·鲁梅尔特（Richard P. Rumelt），*Good Strategy*，*Bad Strategy*：*The Difference and Why It Matters*（New York：Crown Business，2011 年）。在这部有关战略的传世巨著中，鲁梅尔特论述了进行真正的诊断、关注选择而非目标、促进选择的协调性以及将长期计划分解为可实现的接近目标的重要性。

6. 参见理查德·P·鲁梅尔特，*Good Strategy*，*Bad Strategy*：*The Difference and Why It Matters*（New York：Crown Business，2011 年）。

索　引

致　谢

我们的客户——多年来不断尝试和检验本书中总结的诸多观点，并将他们的智慧无私地与我们分享，在这里再次向他们致以最高的敬意。

麦肯锡的合伙人——感谢你们多年来的信任和努力，帮助我们创造了重塑战略的一系列独到见解，敢登"前人未攀之高峰"。

尼古拉斯·诺斯科特(Nicholas Northcote)——主管分析工作的4年期间，花费大量时间与我们在战略办公室交流，就书中的见解和故事进行激辩……决不轻言放弃，就像他在现实中参加拳击比赛的时候一样。

保罗·卡罗尔(Paul Carroll)——唯一真正知道如何完成一本书的人。

帕特里克·维格里(Patrick Viguerie)——团队的资深成员，提供了早期的启迪。

安格斯·道森(Angus Dawson)——其贡献要追溯至《精细化增长》一书。

毕比·斯密特(Bibi Smit)、萨拜恩·希尔特(Sabine Hirt)和梅尔·布兰德利(Mel Bradley)——感谢他们的智慧和耐心，更要感谢他们及我们的家人，在无休无止的工作中给予了坚定支持。特别感谢萨拜恩对原稿进行亲历亲为的反馈。

我们的麦肯锡支持团队在过去 3 年来也在不辞辛劳地付出：安德烈·霍姆尔(Andre Fromyhr)、埃莉诺·宾士利(Eleanor Bensley)和露西·沃克(Lucy Wark)为本书的成稿做出了贡献;宝娜·古普塔(Bhawna Gupta)、罗理奇·班沙尔(Roerich Bansal)、维克拉姆·康纳(Vikram Khanna)、扎克·泰勒(Zack Taylor)、帕特里克·斯特罗尼(Patryk Strojny)、斯文·卡姆米雷尔(Sven Kämmerer)、恩里克·高梅斯·塞拉诺(Enrique Gomez Serrano)和沃拉基米尔·尼科卢克(Wladimir Nikoluk)为我们建立分析概念和事实基础提供了大力的支持。

宝娜·古普塔和她的团队负责创建模型,数年来花费大量时间整理数据,并支持我们与上百位 CEO 进行沟通交流。

蒂姆·克罗尔(Tim Koller)、维尔纳·雷姆(Werner Rehm)、江滨(Bin Jiang)、马克·德·卓恩(Marc de Jong)以及他们在麦肯锡战略分析中心的团队——多年来与我们进行了多次鼓舞人心的交谈,帮助我们建立了企业绩效分析方面的一系列独特见解。

维多利亚·纽曼(Victoria Newman)、布莱尔·华纳(Blair Warner)、塔米·安森·史密斯(Tammy Anson-Smith)、妮可·萨尔曼(Nicole Sallmann)、菲利普·哈兹利特(Philippa Hazlitt)和珍妮弗·蒋(Jennifer Chiang)——为我们的服务线、服务范围和相关工作提了反馈和支持。

杰雷米·班克斯(Jeremy Banks)和迈克·夏皮罗(Mike Shapiro)——用他们的漫画插图让我们的文字更加活灵活现。

多个重要战略见解背后的思想领袖,特别是迈克尔·比尔桑(Michael Birshan)、丹·洛瓦罗(Dan Lovallo)和史蒂芬·霍尔(Stephen Hall)(资源重新配置);比尔·休耶特(Bill Huyett)、安迪·韦斯特(Andy West)和罗伯特·乌兰纳(Robert Uhlaner)(并购中的价值创造);罗瑞麟(Erik Roth)、马克·德·卓恩和欧高敦(Gordon Orr)(创新);伊斯拉·格林伯格(Ezra Greenberg)以及麦肯锡全球研究院的同事(趋势)。在本公司之外,丹·艾瑞里(Dan Ariely)、丹尼尔·卡内曼(Daniel Kahneman)、约翰·罗伯茨

(John Roberts)、菲尔·罗森维(Phil Rosenzweig)、理查德·鲁梅尔特(Richard Rumelt)、纳西姆·尼古拉斯·塔雷伯(Nassim Nicholas Taleb)、菲利普·泰洛克(Philip Tetlock)和理查德·赛勒(Richard Thaler)等的工作成果也给我们带来了相当大的启发。

艾伦·韦伯(Allen Webb)、里克·柯克兰德(Rik Kirkland)、乔安娜·帕奇纳(Joanna Pachner)和乔舒亚·道斯(Joshua Dowse)——提供了宝贵的指导和编辑意见。也感谢麦肯锡悉尼设计部的詹姆斯·纽曼(James Newman)和尼克尔·怀特(Nicole White)提供了图表设计。

全球数以百计的合伙人同事给了我们无比的信任，安排我们与他们客户公司的董事长和CEO进行了无数次极具启发意义的会谈。

上海市版权局著作权合同登记号:图字:09 - 2017 - 348

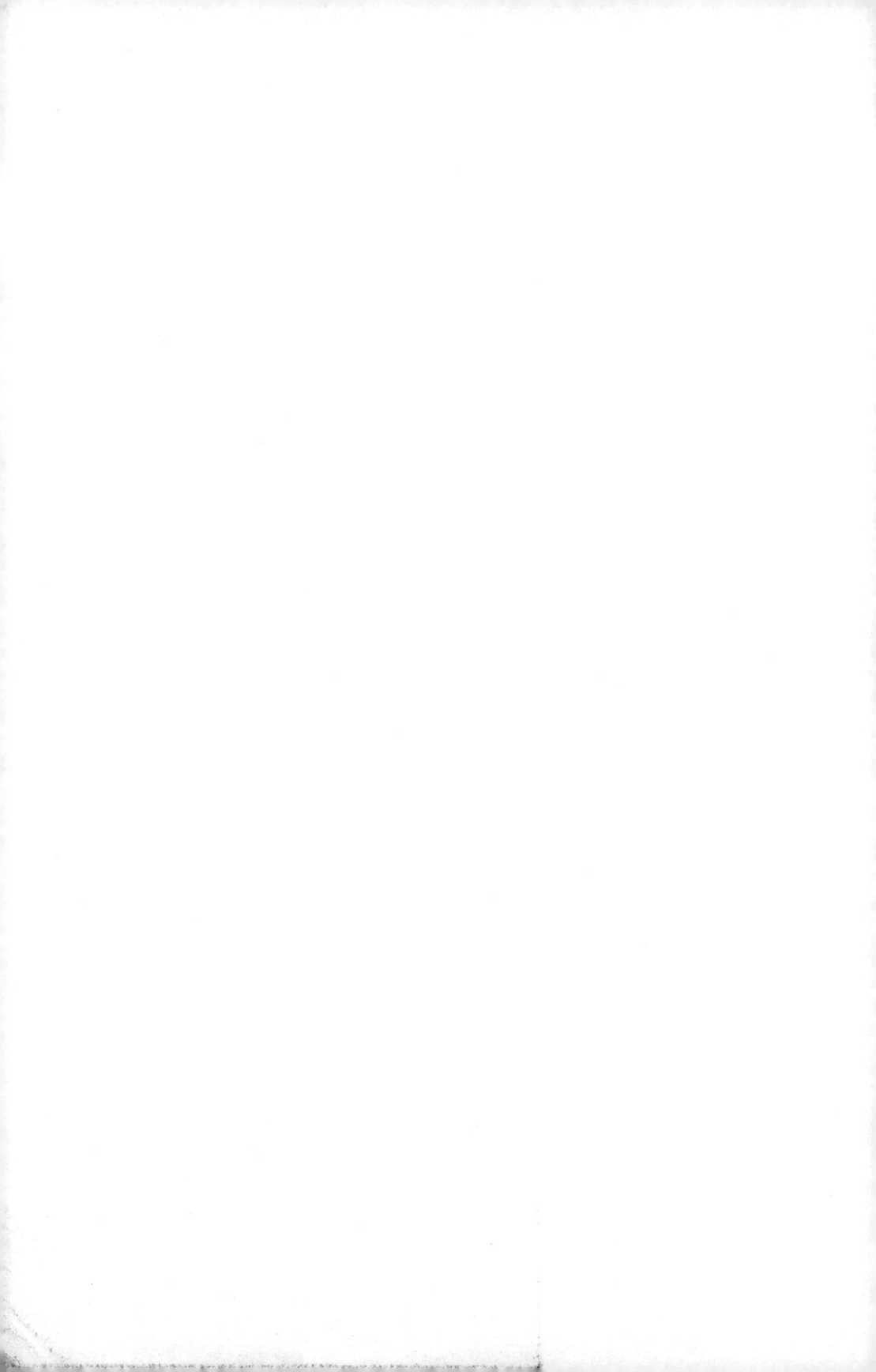